有一群年輕人是所謂的FOMO族（Fear of Missing Out），他們焦慮房價一路上漲，總覺得「現在是這輩子房價最低的時候」，擔心不買就被拋出資本社會的賽道，起步就輸掉人生。

35歲阿威就是典型例子。原本他打算在租屋的新莊當地買房，沒想到孩子出生打亂規劃時程。但隨著時間過去，他看房範圍從新莊30坪房子，退居到三重重劃區的30坪、再退守到20坪，在「擔心錯過」的壓力下，進場買下一間「小宅」。

《報導者》與蓋亞文化合作，將錯綜複雜的文字報導轉譯成更具畫面衝擊感的漫畫形式，已經有3年。此本《報導者事件簿004》，漫畫家Ning Lu擅用她經營人物內心情緒的分鏡，更彰顯出報導中年輕人無奈糾結的心情。

高房價下，台灣正式進入「小宅時代」。以前買房常聽到「三房兩廳」，現在則是「一廳一衛」。「小宅」不僅是量上的增長，在產品設計上也出現前所未有的「狹小」，譬如在台北市已出現室內僅5坪，總價1,600萬建案，至今竟也銷售5成以上。

此波房地產的炒作，除「小宅化」外還有第二個前所未有現象──租金上漲。過去，台灣租金市場遠落後於房價漲幅，但在房地合一稅使得5年內轉售房子的交易成本大增後，許多投資客把「物件放長」，精打細算租金報酬而帶動租金上漲。《報導者》爬梳591網站資料發現，近幾年租金漲幅最兇的地區也是出現在台中、台南、高雄等城市。

每次大選，高房價總是候選人政見焦點，但政治人物需要房地產界的政治獻金（事實上，房地產業者一向是貢獻政治獻金的來源），矛盾的結構從政府房產政策的步調不一可看出。

2023年1月，遏止炒作的《平均地權條例》終於在立院三讀通過，2023年7月1日上路。但同年8月，政府端出「新青安」政策，提供多項優惠的買房條件，房價立刻又一飛沖天。

常常有人說，台灣房屋自有率近8成，高房價對8成住戶有利。但是，以我在2013年做的調查，有近一半未成家的年輕人與父母同住，只要房子是父母的，就算「自有」，這項數字根本忽略很多年輕人因為買不起房子與父母同住的現實。

高房價會慢慢腐蝕社會發展，這不僅僅攸關年輕人居住正義而已，一個高房價、高租金的城市無法涵容多元獨立的小店，年輕人失去開店的發展機會，城市失去多樣性，只剩下大財團連鎖商店。

我想，沒有人希望住在那樣單調無色彩的城市。

Contents
目錄

01　**編輯室報告 Foreword**

06　**Chapter 1 報導漫畫 Graphic Journalism**
07　　鳥籠時代

50　**Chapter 2 深度調查 In-Depth Investigation**
51　　一場正改變台南古都風貌的大富翁遊戲：熱錢、炒作、土地開發
61　　打炒房政策混亂，一線投資客從驚慌到驚喜的告白：重上賭桌繼續賺！
71　　鳥籠小宅時代來臨：新青安助攻高房價，小空間貼近基本居住水準底線
81　　10坪千萬小宅、6坪套房育兒──鳥籠時代的青年居住圖像

94　**Chapter 3 新聞幕後 Story Behind the Story**
95　　記者手記：我們眼裡的鳥籠現場
97　　漫畫家手記：無法前進，也無法後退的時代

Chapter 1

GRAPHIC JOURNALISM

報導漫畫

GRAPHIC JOURNALISM

鳥籠時代

漫畫／Ning Lu

「輕量級的購屋機會、是一條租金轉房貸的減壓之路、更是踏入夢幻國度的勝利投資選擇」——一棟台北市中心建案的文宣這樣寫著，它的產品是室內面積僅5坪、總價1,700萬元的「小宅」。

台北市政府定義的小宅，就是扣除公設之後實際使用面積在15坪以下，這代表過去的「三房兩廳」被「一房一廳」取代，甚至進化到「客廳兼主臥」。

總價1,700萬元買5坪，已經類似香港的「鳥籠」，台灣高房價下誕生的小宅，代表台灣要迎來如香港一樣的鳥籠時代嗎？

購屋市場的小宅趨勢也影響到租屋市場。爬梳591租屋平台5年400萬筆資料會發現，小宅逐漸成為部分區域租屋市場的主產品，租金也是節節高升。

年輕人眼望難以負擔的高價、在壓迫狹窄的空間裡生活，是怎樣的體驗？

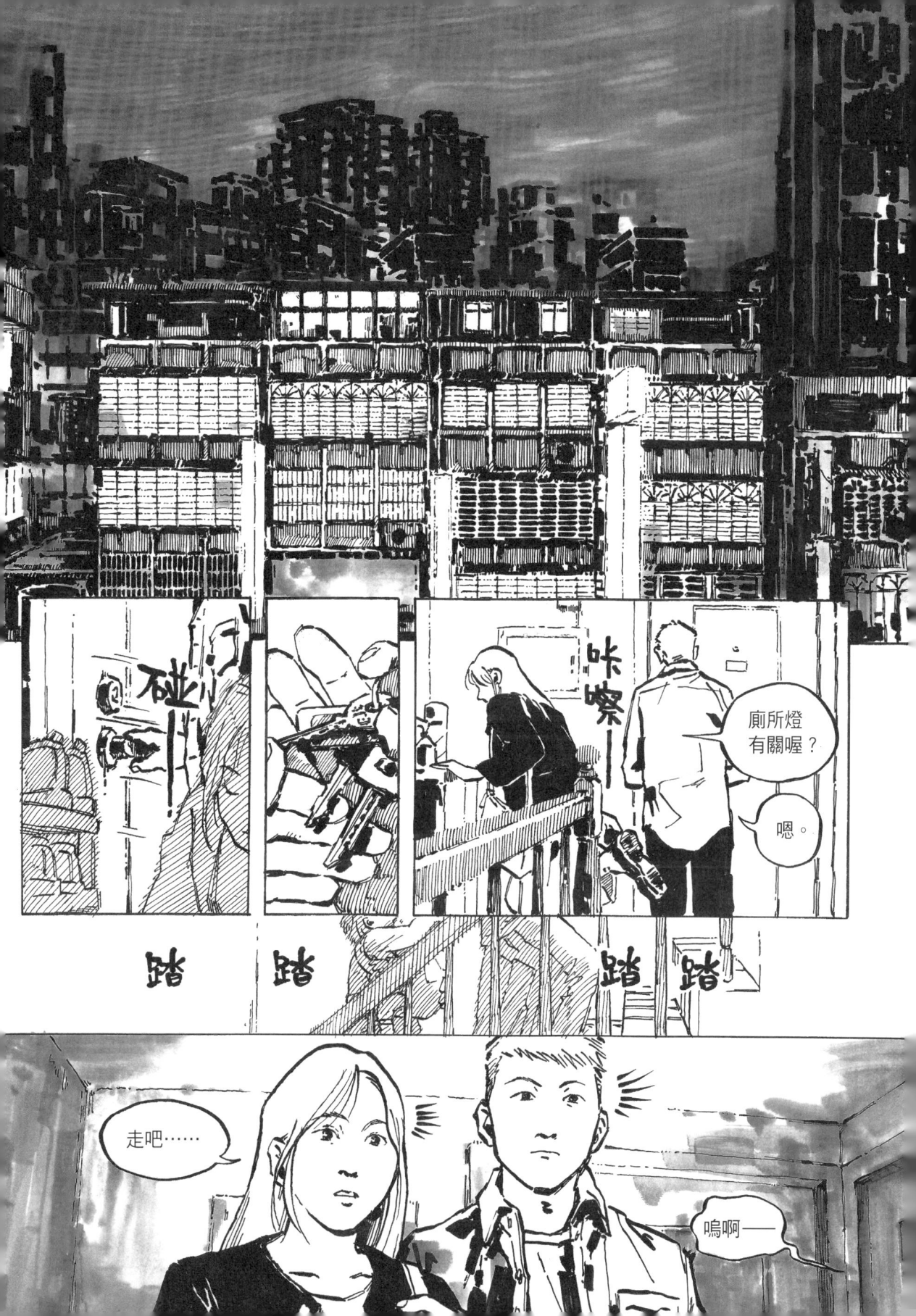

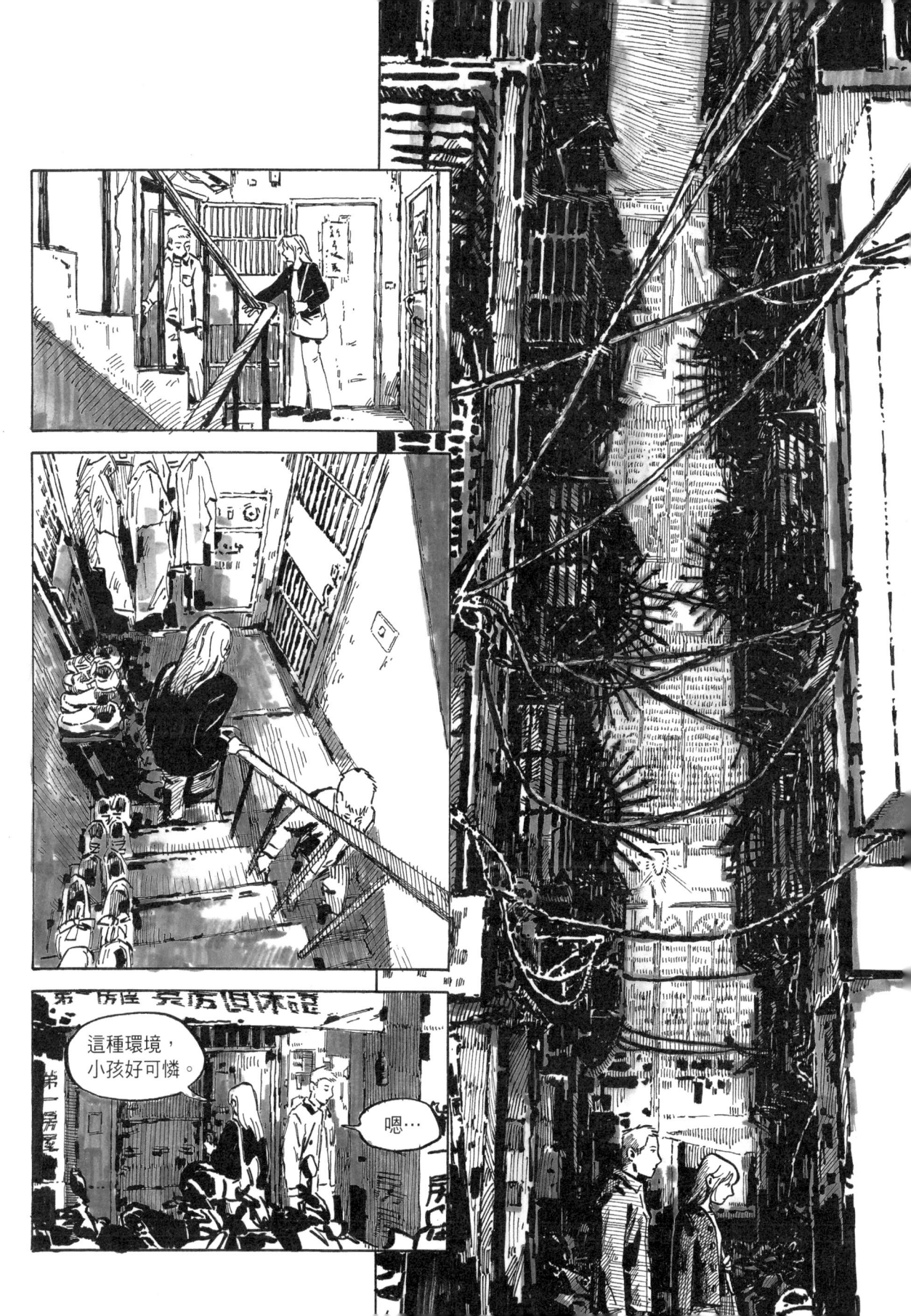

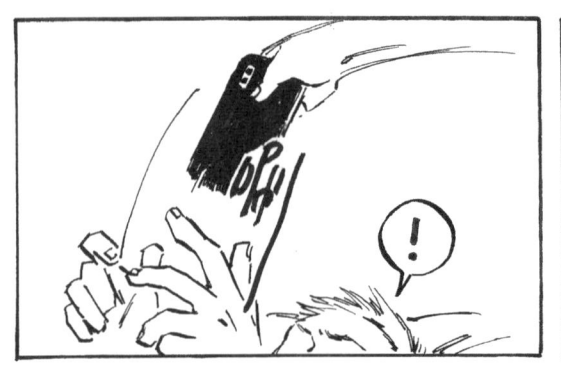

這是我一個人的事是不是!?

你就擺爛就對了!

對。

反正我就是只會擺爛。

碰!!喀嚓!

現在比較好一點了。

唉……

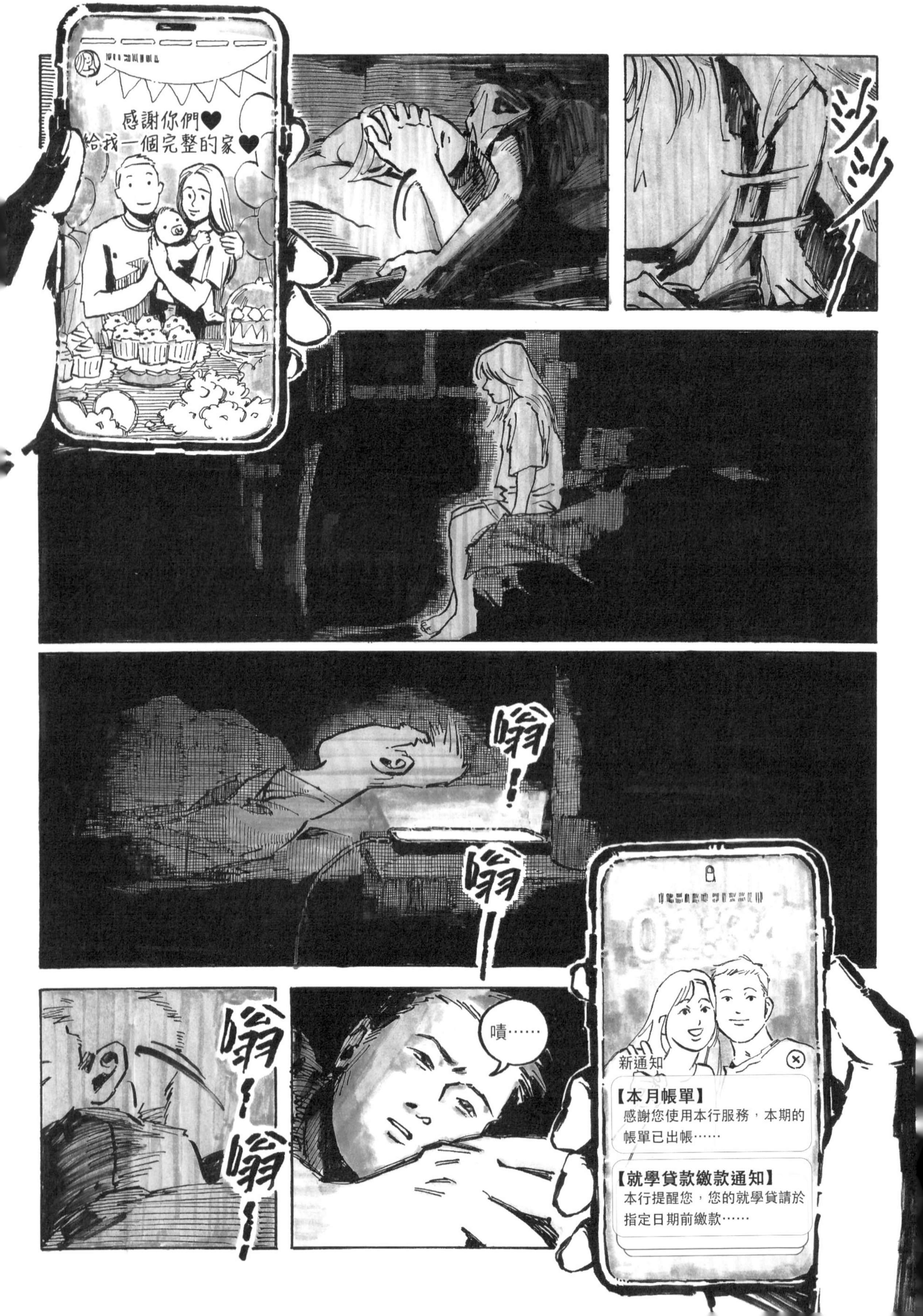

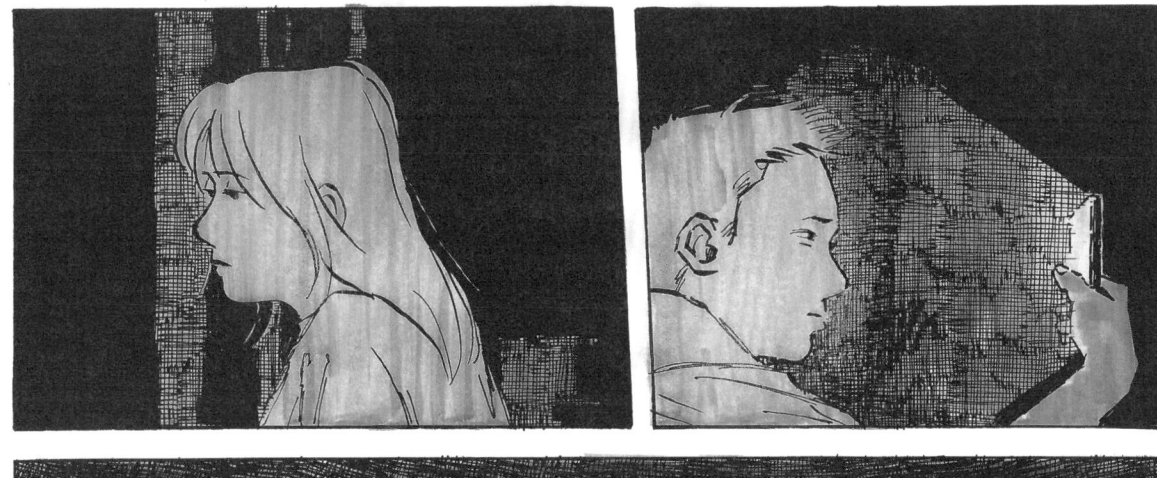

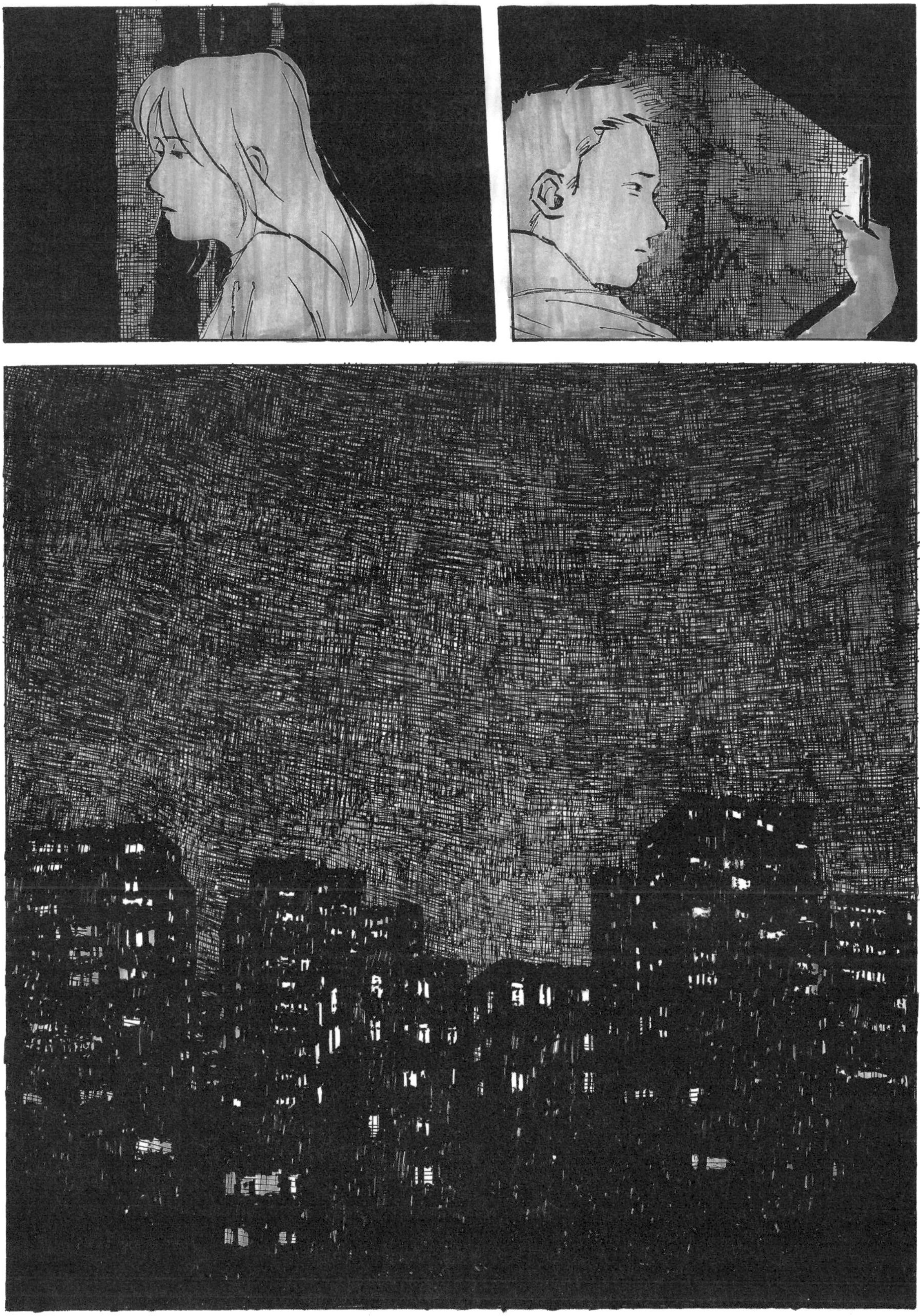

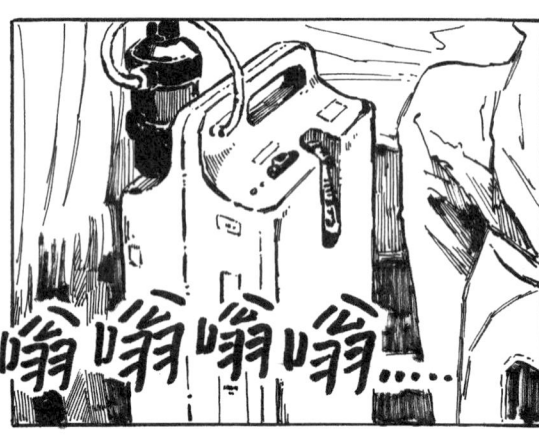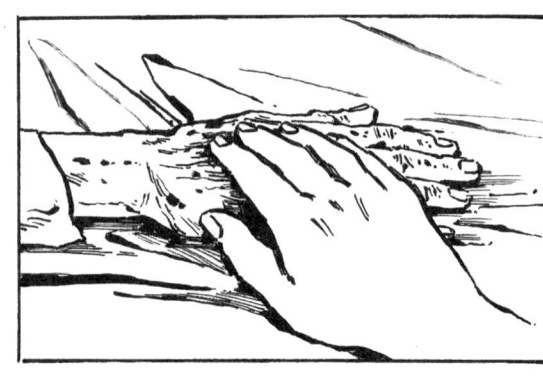

……現實卻依然不變。

如果購買1,500萬的房子
貸款八成，那麼自備款就是300萬
貸款1,200萬，分30年本息均攤
那麼每個月要繳4.2萬左右
一年需要繳的房貸就大概是50萬

人到底為了什麼而忙碌呢？

因為渴望建立一個家，　　　　　　　　而離開家……

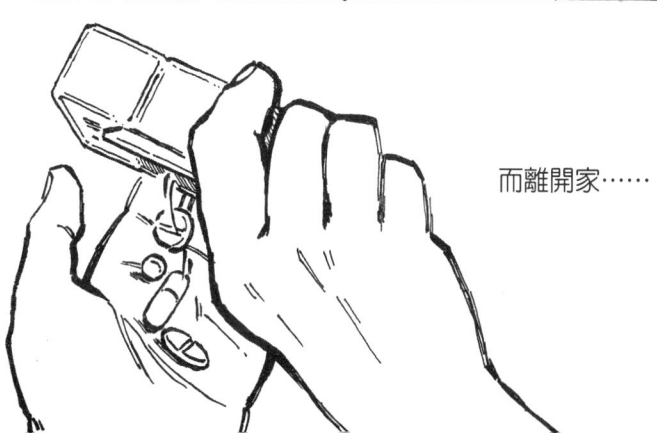

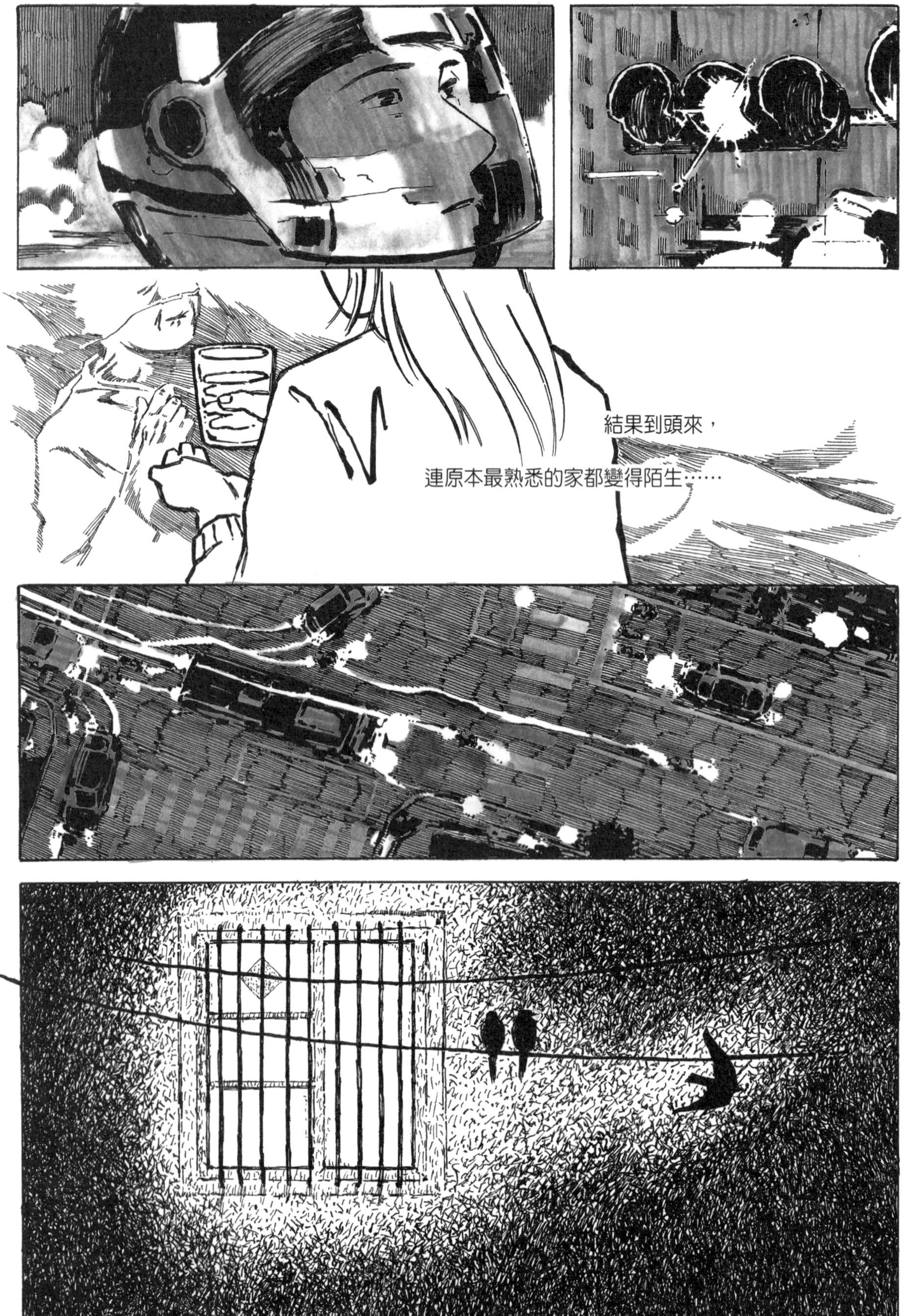

結果到頭來，
連原本最熟悉的家都變得陌生……

……已經在大廳了。

好的,我讓他上去。

我幫你按電梯。

喔,謝謝。

嗶—

嗡嗡嗡嗡

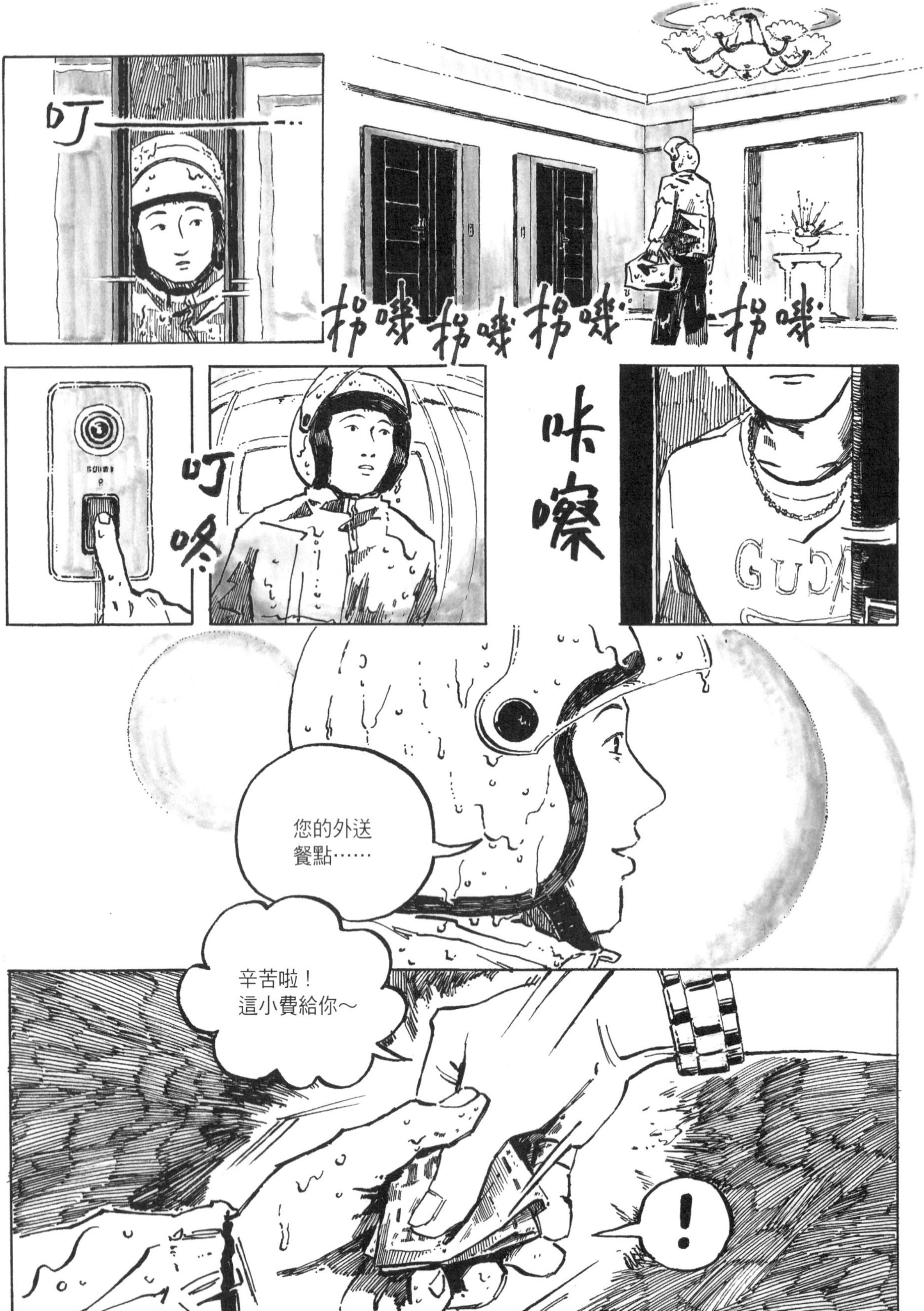
叮——…
叮咚
咔嚓
您的外送餐點……
辛苦啦！這小費給你～
!

欸靠杯～
都濕掉了啦！

真假～

那你給他
分數打低
一點……

咔嚓

鏗隆鏗隆 鏗隆鏗隆 鏗隆

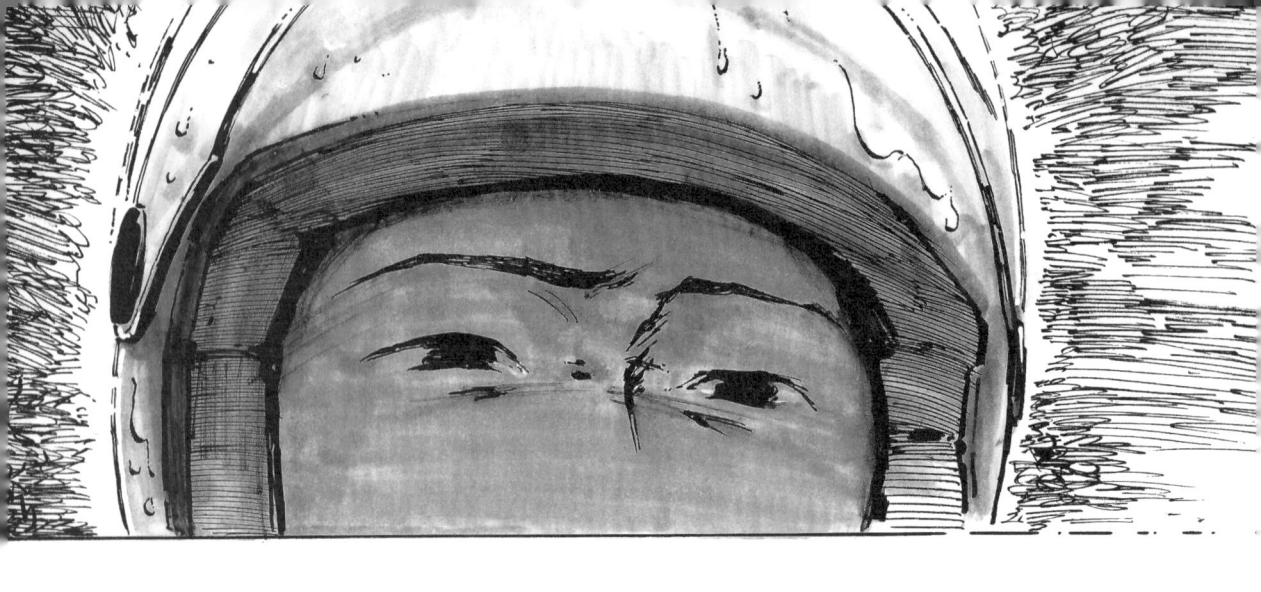

下一站——

下一站——

請本站下車的旅客——

嗡嗡 嗡嗡嗡 嗡嗡嗡嗡

嗶—— 嗶——

根據研究顯示……

世界上從未有過如此多的富人！

所以經濟成長率高得嚇人
熱錢入房市！
交屋潮大噴發啊！

現在不只是成屋市場
交易量達到新高喔～
預售市場也頻傳排隊！

有錢在手真的是
不如趕快行動！

真的是這樣～！

我們來看到
這幾個重劃區……

刮刮樂。

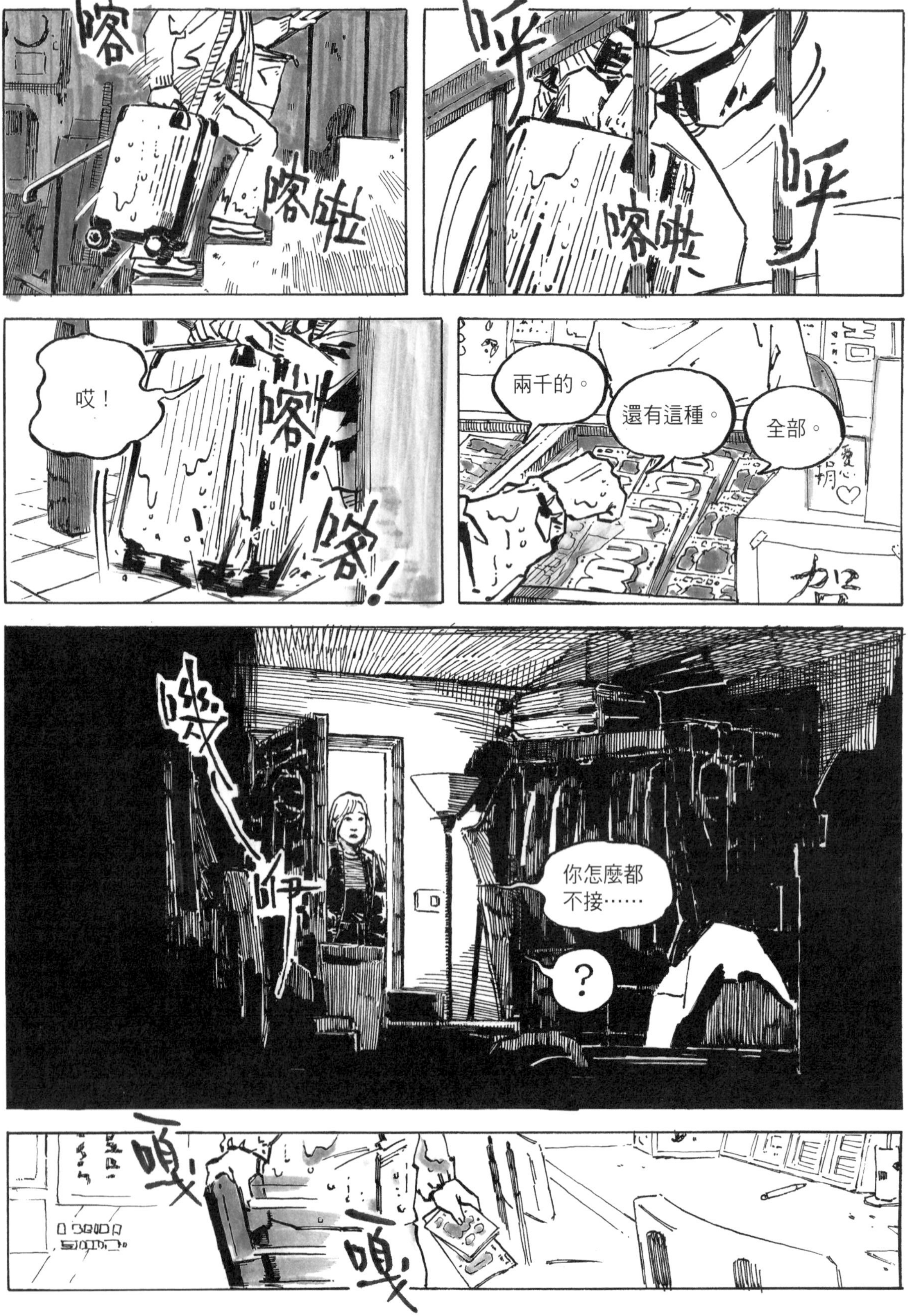
喀
喀啦
呼
喀啦
呼
哎！
喀！
喀！
兩千的。
還有這種。
全部。
咿
呀
你怎麼都
不接……
？
嘎
嘎

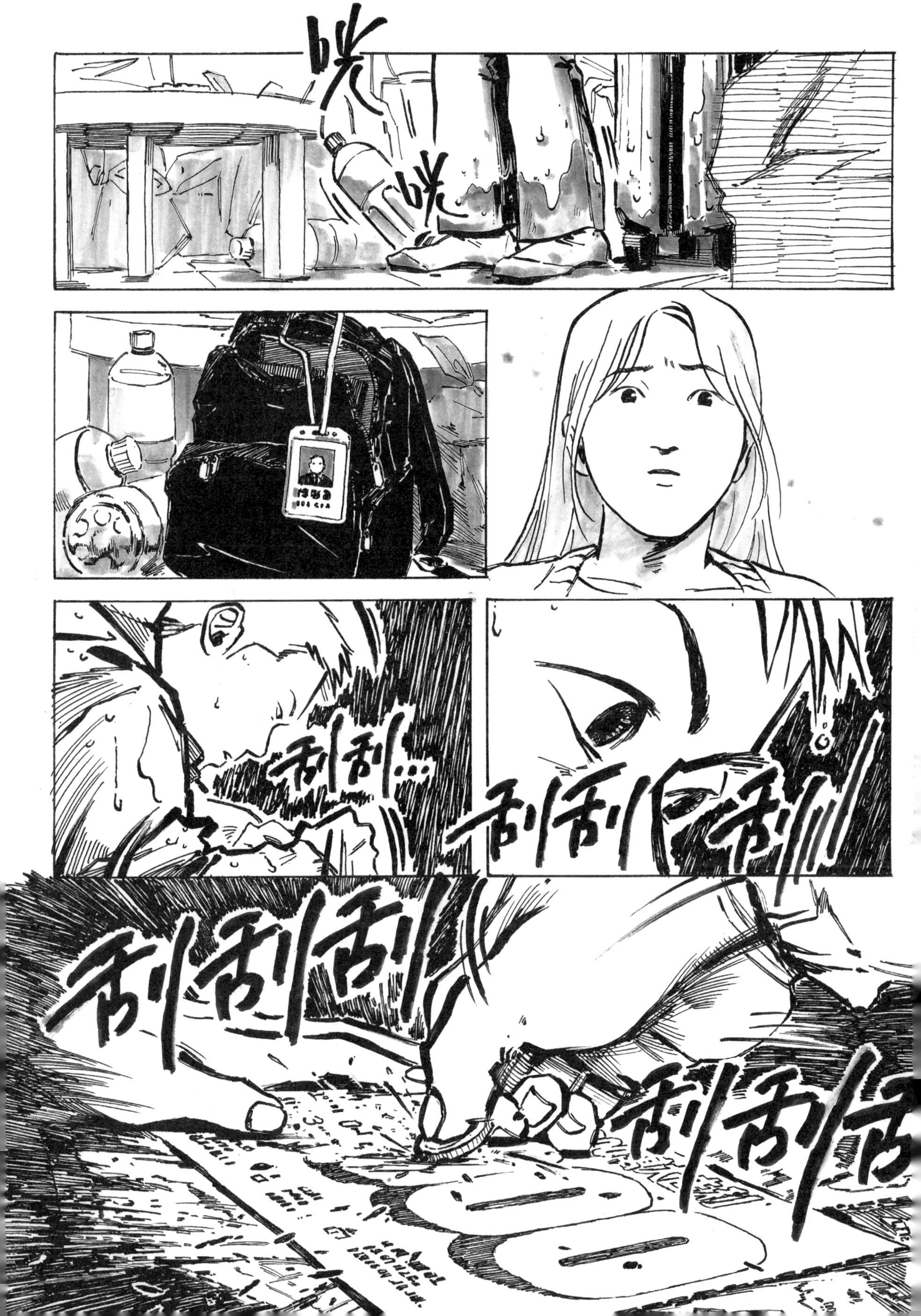
咣
咣
刮刮…
刮刮刮刮
刮刮刮
刮刮刮

嘟嘟!
撥號中……
離職證明書
申請人
住址
出生日期
離職當月工資
32,000
離職原因
☑非自願離職
☐自願離職
嘟嘟嘟!
財
樂透頭獎 1 億
彩券頭獎 2.2 億
大獎等你來贏
賀
本店開出
第五次頭獎
1000萬!!
抽大獎!
獎落誰家
開出一千萬
本店刮刮樂
狂賀!
本期開獎
愛心捐
嘟嘟嘟嘟!
超級紅包
最強!! 1,000萬大吉利!!
來電
嘟嘟嘟!

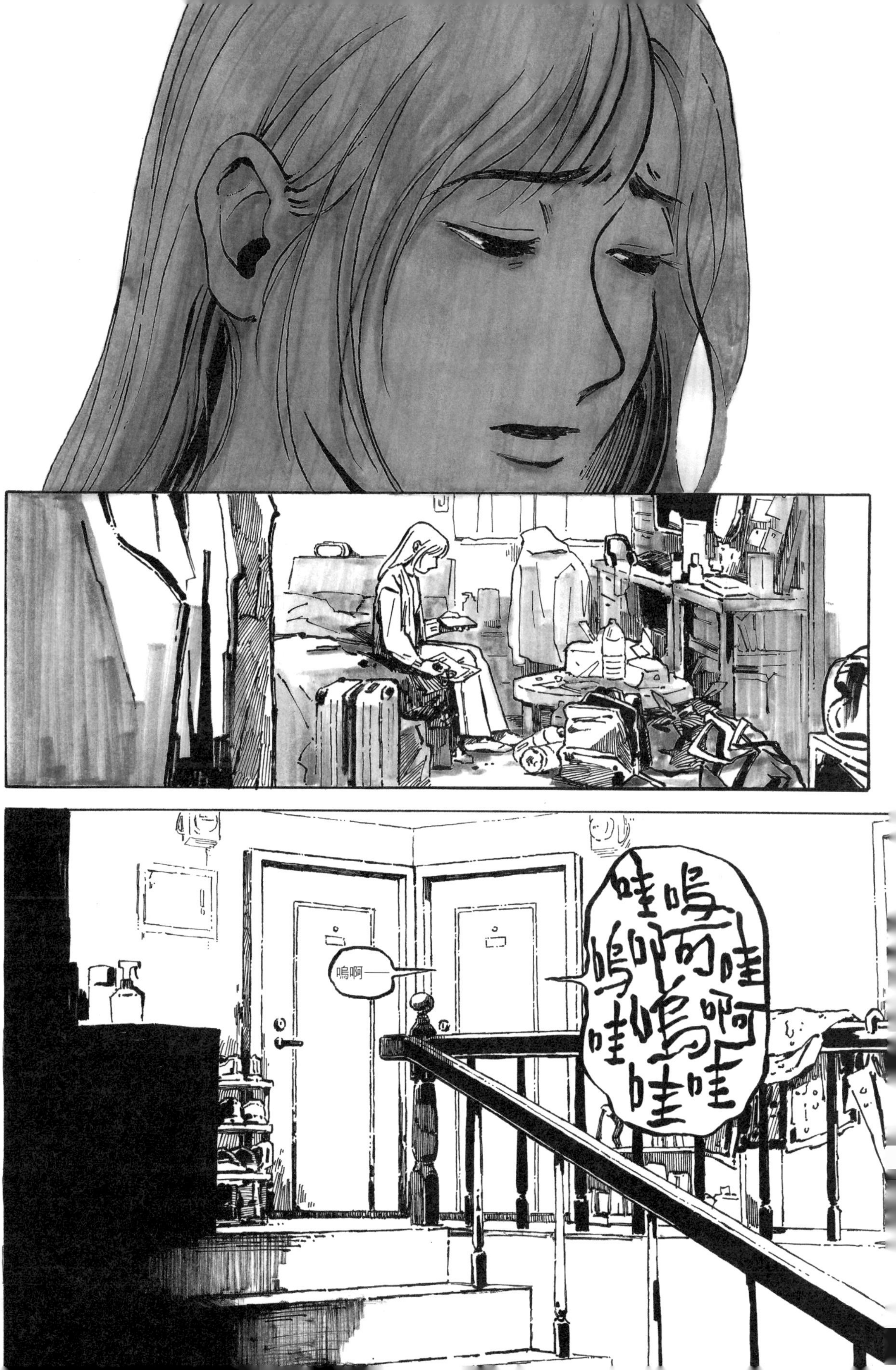
哇嗚嗚啊哇哇嗚啊哇哇
嗚啊——

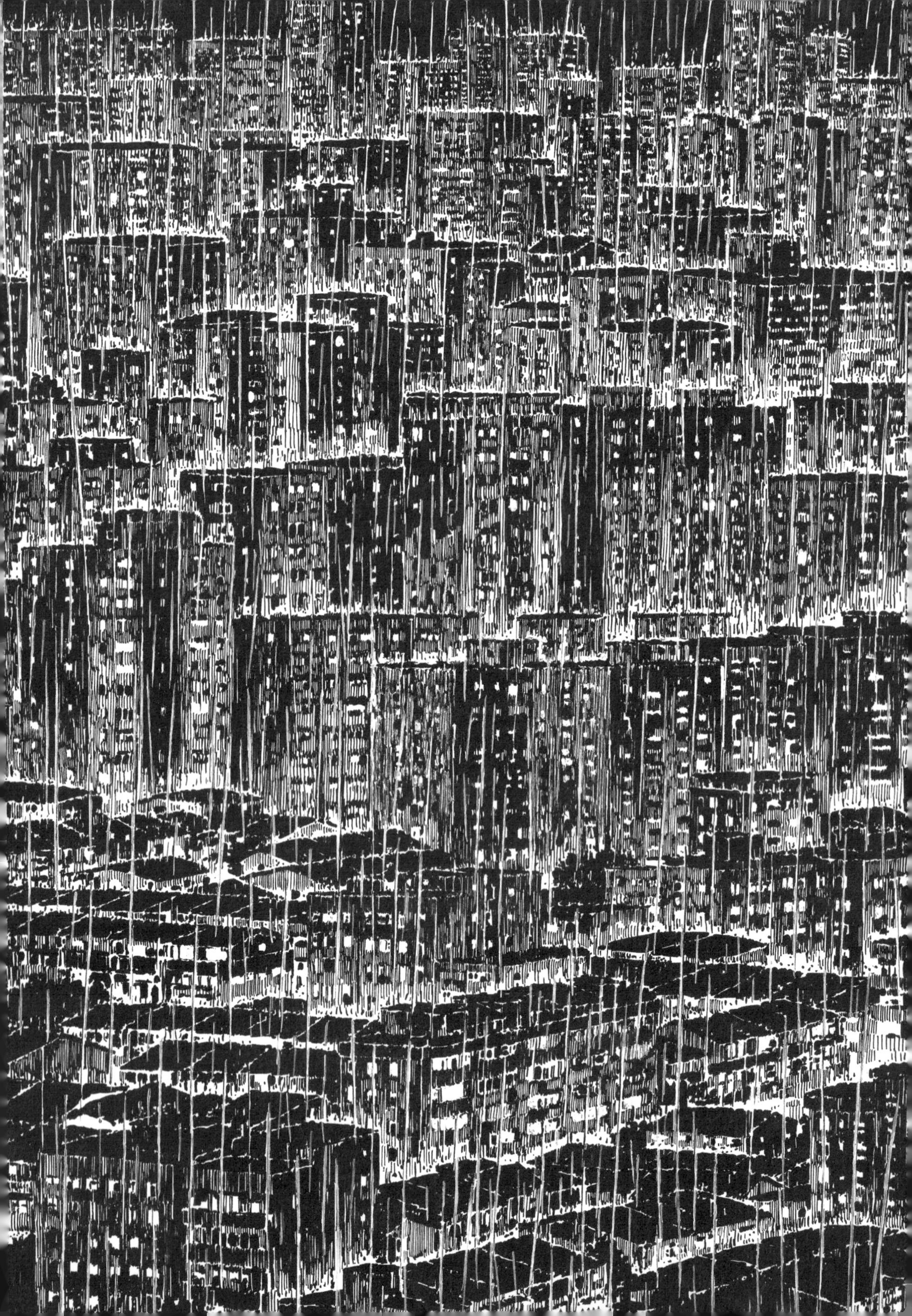

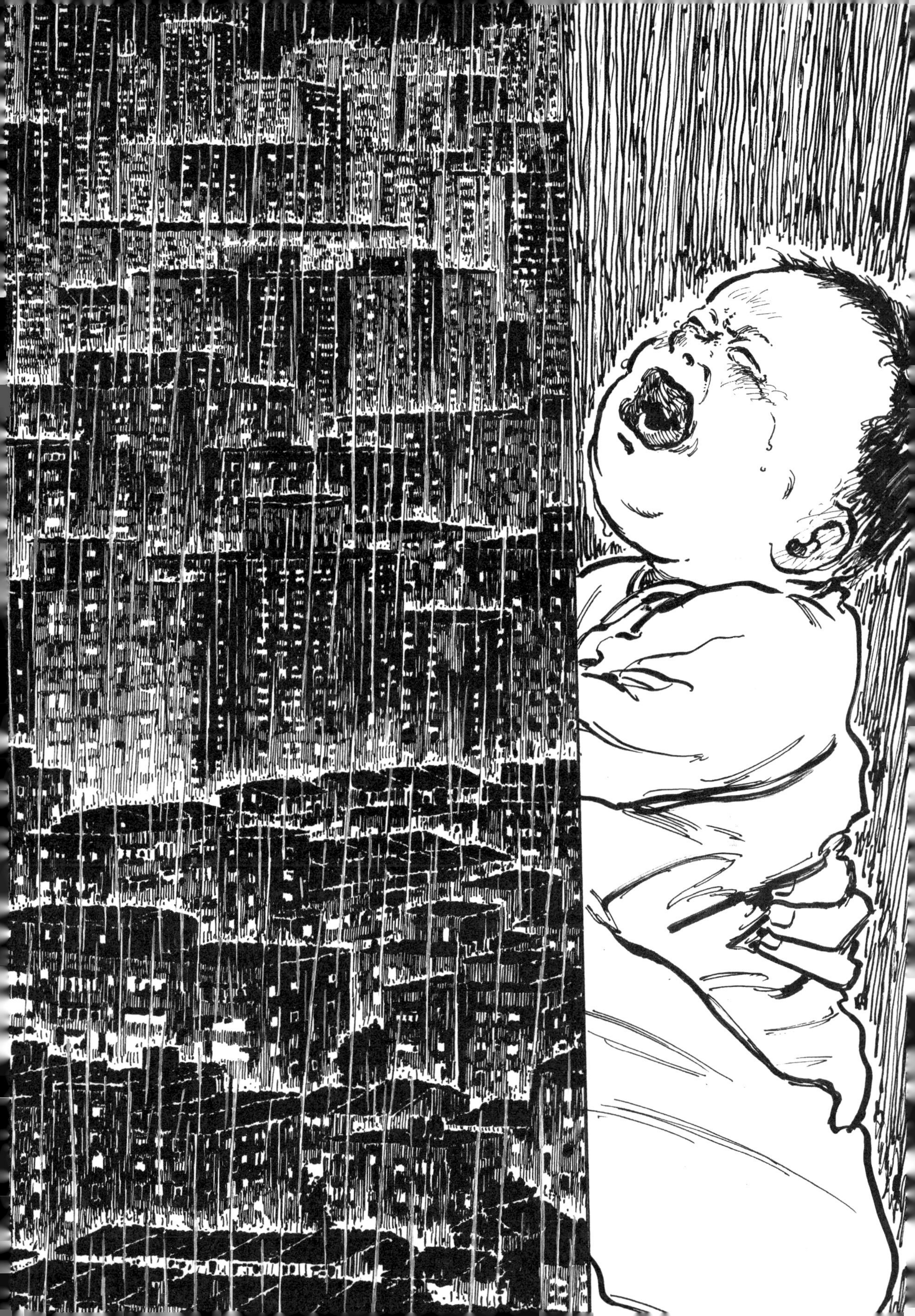

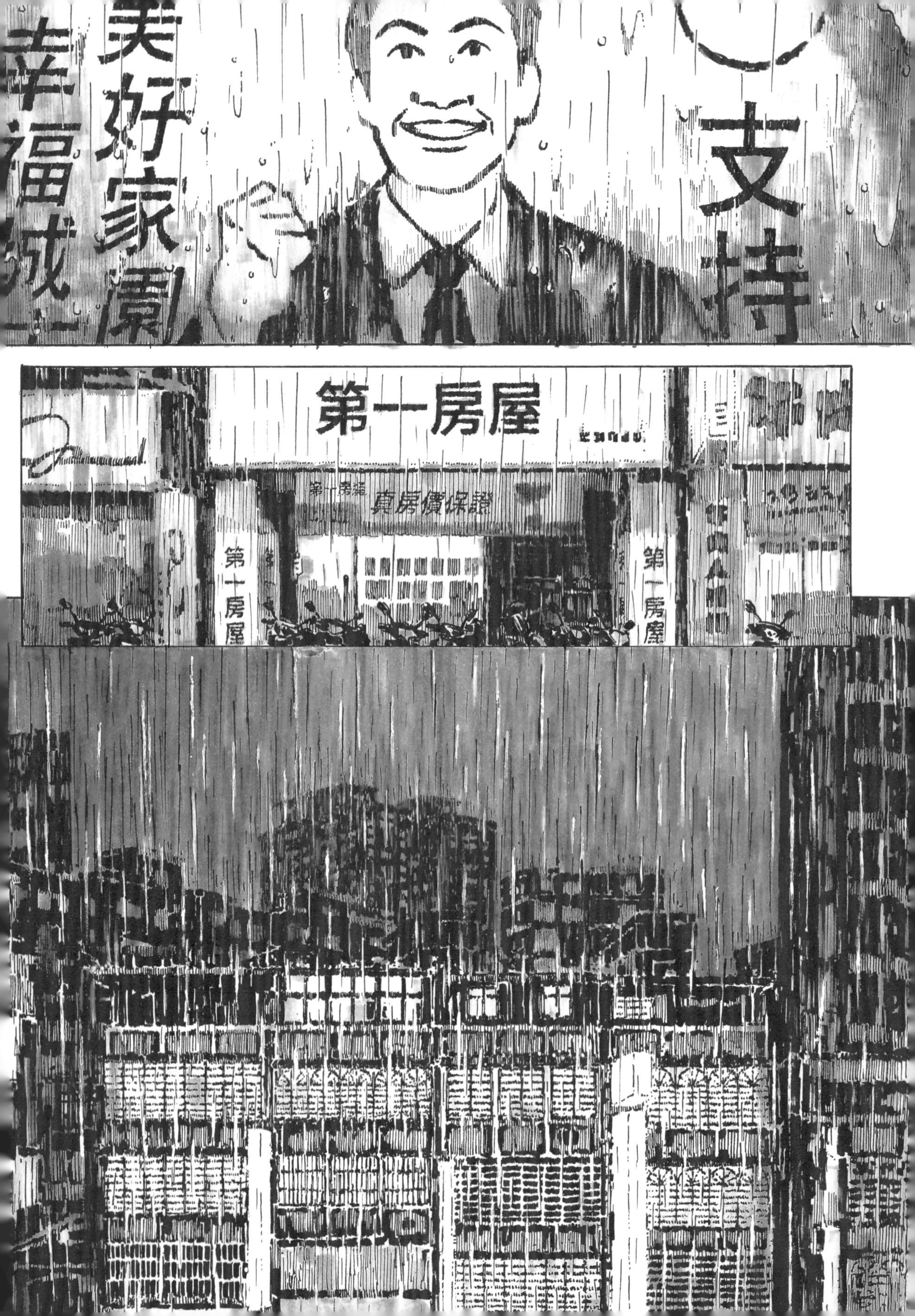
支持
美好家園
幸福城
第一房屋
第一房屋 真房價保證
第一房屋
第一房屋

Chapter 2

IN-DEPTH INVESTIGA-TION

深度調查

IN-DEPTH INVESTIGATION 01

一場正改變台南古都風貌的
大富翁遊戲：熱錢、炒作、土地開發

文／孔德廉・攝影／陳曉威

台南，這個擁有近400年歷史的古都，
因為豐厚的文化底蘊和美食珍饈而被票選為最宜居城市。
如今，一場演化正在發生，熱錢炒作正改變古都風貌，
建地、鋼筋水泥、高樓成為常見的街邊風景，
是什麼導致了這場演化？

過去6年來，台南正在上演一場房產演化史。

不過演化的進程不是發生在最熱鬧、歷史最悠久的府城地區，而是在舊城區的另一側、過往的農業據點：善化、新市與安定。4公尺長的巨型建案廣告聳立在這些區域的街角和路旁，被鐵皮圍籬包圍的大樓拔地而起，舊有聚落的風貌正逐漸改變。

第一種演化：萬丈高樓平地起

要描繪這股變動，建築物的演變是個開始。

過去數十年來，自有天地的透天別墅向來是台南人購屋的不二選擇。根據內政部每10年調查一次的全國住宅狀況顯示，2015年的台南市住宅中，大樓佔比不到1成，透天厝占比卻高達76.78%，為全台之最。當雙北、桃園、台中、高雄等地的住宅交易已經以大樓為主流時，台南市的房市交易依然是透天佔了近半數以上。

分析這樣需求的由來，從房地產記者起家、後創立房市媒體近20年的《住宅週報》社長陸敬民指出，這是因為過往台南的土地成本取得不高，建案很少在預售階段就賣完，台南也不像其他城市已經歷過房地產熱潮的洗禮，透天較能符合當地人的生活特性，悠閒又希望保有自己的空間。

獨愛透天這項維持數十年的習慣，也符合台南當地的人口狀況。據政府統計資料，2024年9月該市的人口密度為848.22人／平方公里，這樣的數據一直都是六都之末，也顯示台南向來發展程度良好、不會太過擁擠，因此選擇較為寬敞的透天作為居所。但2019年起，高樓和華廈開始進入台南人的眼簾。

在舊日平地原住民西拉雅族所在的善化區，改變的痕跡清晰可見。對照整個台南的發展，該處向來是以種植胡麻、蕃薯和蔗糖等農業為主的聚落，4層樓以下的平房是居所的常態。直至6年前，水泥、沙石和鋼筋被送入善化鬧區，兩棟以赤色鋼筋包裹的鋼骨大樓迅速抽高，比照市區高級住宅、26層樓高的制震質感輕豪宅成為一舉突破當地天際線的地景指標。

車行向南，不到10分鐘的車程便可駛入「LM特區」（註1），該處也是善化區蓮潭里的所在。這個里因規劃大量公園綠地、棋盤式街道和3層樓透天住宅，吸引大量台積電員工入住而有「台積村」之稱；更因住民多為科技業新貴，自2017年起，就穩定位居全台最富有里第六名。2022年，該里個人綜合所得中位數達166.5萬元，僅落後竹科周遭5個里。

10多年前，蘇柏琤一家遷入蓮潭里。他們是1995年「南部科學工業園區」設立後隨產業進駐所帶來的前幾批人口紅利族群，和相同背景、年齡的家庭一同構築成一個年輕社區。儘管當地開發得早，但生活機能一直到近期才陸續跟上。她指出，像2022年社區才傳出要有第一家全聯超市進駐，周遭咖啡店和餐廳也是近期才有比較多選擇，這些都是2、3年內發生的改變。

另一項大的變化，是房市演化在眼前展開。

「以前在善化是沒有公寓跟大樓的，
我們都是住透天居多。
開始蓋大樓時我們還很訝異，
原來這邊已經需要華廈和大樓了，
現在就連更偏遠的東勢寮都在蓋房子，
愈蓋愈高，」蘇柏琤詫異地說道。

根據台南市不動產開發商業同業公會統計，蘇柏琤一家所在的善化，在2018年大樓／公寓申報開工（註2）戶數為161戶。2019年這個數字暴增到536戶，漲勢一直維持至今，鄰近的新市、安定、永康，和靠近台南高鐵的歸仁也呈現同樣的新開案量，凸顯台南各地新大樓正如火如荼地興建。

註1：該區在台鐵沙崙線以東、台1線大道以西、目加溜灣大道以南、西拉雅大道以北的範圍內，之所以被稱之為「LM」特區，主要是因這個區在當初在規劃台南科學園區的發展腹地時，是以英文字A到Z來命名各別區域，而這塊L區、M區就是劃定為居民的生活住宅區。

註2：在此分類中，建案類別分為大樓／公寓和透天住宅兩大類，其中大樓／公寓類別也包含新型的4樓電梯公寓和6樓華廈等型態。

為了理解地景的迅速改變，陸敬民在2019年將《住宅週報》辦公室從房市火燙的新竹搬至台南。頻繁在各個建案之間走訪，他發覺到台南房市從過往的透天住宅掛帥進化到5樓電梯公寓、6樓華廈，再到10多層樓高的大樓，這樣演化的歷程在其他都市是花費數十年才完成，但台南幾乎是一夕之間翻轉。

第二種演化：難以追趕的房價

　　為什麼演化來得又快又急？陸敬民認為「房價飆升」是主因。

　　以內政部住宅價格指數來看，2019～2023年，六都裡台南漲幅41.3%僅次台中（41.6%），但兩者差距極微。另外，在台南房市最熱門的善化地區（根據內政部不動產交易實價查詢服務網，以台南善化西拉雅大道上的南科名門大樓為例），社區大樓也從每坪約15萬元上漲至30萬元，5年漲幅竟達一倍。

　　面對驚人的房價漲幅，陸敬民認為，這使得傳統透天厝的價格不再是一般年輕人可以負擔，而坪數低、總價低的華廈和大樓自然成為購屋首選。他也解釋，為滿足這種需求，同樣一塊地，建商自然會選擇把透天別墅改成電梯公寓或華廈，不然就是另外找地興建大樓來滿足都會區的居住習慣，因為戶數多可以滾出更多收益——像是台南老牌的在地建商鄉景建設，就是從農舍透天轉型成功的例子，近年來推出非常多華廈建案。

　　早在2018年時，鄉景建設總經理吳聖霖就曾預告，未來幾年低公設比的電梯公寓、華廈會是市場趨勢，因此將規劃公設比約21%的5樓電梯公寓產品，讓室內使用坪數放大，同時不開挖地下室縮短施工期、降低營建成本，以此為基礎提供年輕購屋者低總價的實用型產品。

　　在實際走訪的過程裡，我們發現儘管這些建案幾乎藏身在密集的產業道路和廢棄的磚造平房之間，需要花點時間才能找到，但低總價的優勢確實吸引不少南科住客，讓這些物件開賣不到一個月就銷售一空。

　　《報導者》接觸的一名年輕投資客，從2019年起，就在台南一次大量購置多戶大樓和華廈作為炒作籌碼。搶在預售開賣前，他會開揪炒房團團購，將物件一次掃光，再以每戶加價70～100萬元的價格脫手轉賣，接著把獲利投入其他物件的買賣，靠著炒作牟利、也進一步為台南房市的熱度添柴加薪。

　　2019年，投資客入場炒作；同一個年度，善化、新市等地的大樓開工數也跟著飆高。2019年看似是一切變化的分水嶺，當時究竟發生了什麼事觸動台南房市的演化開關？

2019請回答：土地、熱錢與建設

　　2019年，一起破紀錄的開發區土地聯合標售案或許可以提供部分解答。當年6月，台南市府以底價94億元標售5個開發區、18筆土地，吸引包括台中豐邑、台北寶佳二大建商跨地域前來搶標，最終以109億元成功招標，溢價率達16%，創下台南土地標售總價的歷史新高。

2019年到2023年六都住宅價格指數，台南居冠4年

● 2019年　● 2020年　● 2021年　● 2022年　● 2023年

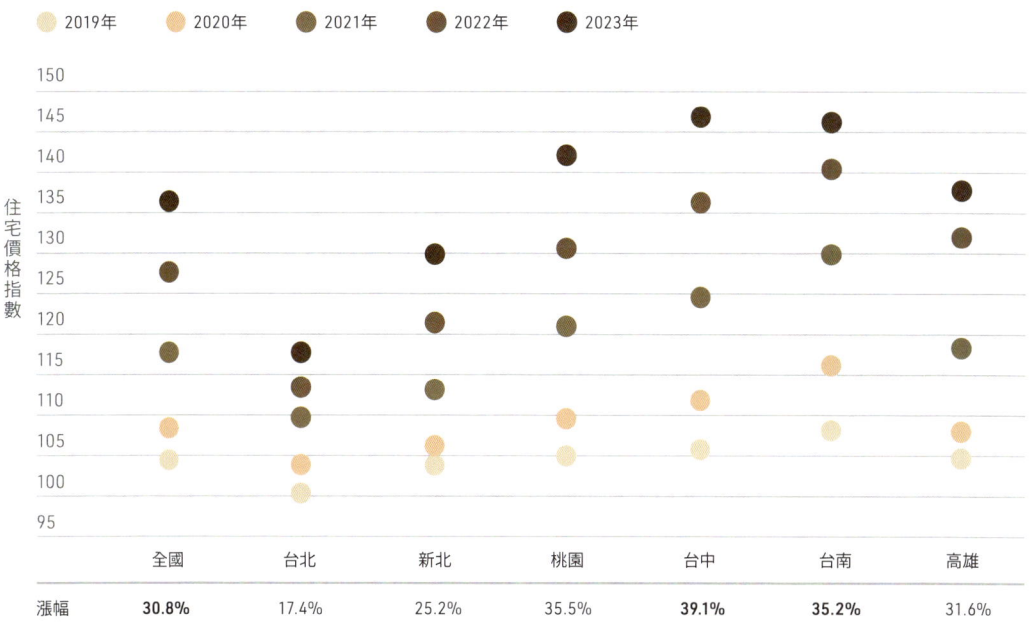

	全國	台北	新北	桃園	台中	台南	高雄
漲幅	30.8%	17.4%	25.2%	35.5%	39.1%	35.2%	31.6%

以2016年為基期，2016年全年房價=100，表中數字都為該年第四季的房價指數
資料來源：內政部住宅價格指數／製圖：江世民

　　在這筆創下百億決標的案件中，最受關注的便是2019年由東區老舊眷村重劃的平實營區土地標售案。根據台南市地政局指出，平實營區重劃後，分為住宅及商業區，該次標售的商業區底標為85.6萬元／坪；激烈競爭下，最終約3,657坪的商業區土地由台中豐邑建設擊敗皇龍、國泰與興富發等公司，以每坪98.8萬元得標。

　　同一時間的標售案中，另一處位於永康砲校第一期、總計11,947坪的3筆土地，也由北部建商寶佳機構旗下合聯公司以56.6億元標下，平均單坪得標價約為47萬元，刷新區域地價紀錄。

　　對於這起標售案造成的影響，民進黨籍台南市議員蔡旺詮在2021年質詢市府時提到，與平實營區相近的虎尾寮地區，地價是每坪40萬元，而標售案中幾處土地得標價卻遠遠高過於此，他質疑台南市府是在帶頭哄抬地價。

> 「這幾年，挾著雄厚資金的外來財團業者，
> 兩、三家聯合起來，
> 互相拉抬，高價標下土地，
> 把在地優良建商擠出去。
> 土地標下後，迅速推出建案，
> 不斷創下台南房價新高。」

蔡旺詮觀察，連續10年全台推案量第一大的建商寶佳集團（PJ Asset Management Group）在2019年標得平實營區住宅區土地後，後續推出的預售屋案，賣價一坪40萬元起跳，是一般年輕人負擔不起的價格（根據2021年實價登錄顯示，預計在2026年交屋的「世界・巨星」成交價最高達50.97萬元／坪，刷新台南房價歷史新高）。他認為，市府應回頭檢討標售價格的制定，並釋出部分土地作為社會住宅等公共用途，而非全部拿來標售獲利，培養另一頭巨獸。

面對炒地的質疑，時任地政局長陳淑美說明，平實營區重劃後分為住宅區與商業區，兩處的容積率（註3）皆高過鄰近的虎尾寮，因此市府的底標（住宅區43.6萬／坪，商業區85.6萬／坪）並未高於市場行情；至於後續脫標價格上漲，陳淑美也強調是因為對面南紡購物中心開發完成，商效活絡讓地價自然上漲，是市場自由競價的結果。

不只是土地標售價刷新歷史，後續建案也跟著水漲船高。陸敬民分析：「2019年土地標售破百億這件事，我認為可以作為一個開端，從那時候起台南房價就開始蠢蠢欲動，因為外來勢力來了。」

王者南征帶來的質變：預售屋銷售生態洗牌

2019年以來，豐邑、興富發、遠雄、國泰、寶佳……這些名聲顯赫的建設公司，名字一個個出現在台南土地的標售案中。當年被議員稱為「巨獸」的寶佳集團，也由旗下昕暉建設分別在台南東區、永康區和安平區推出新建案，高雄建商聯上實業也北上永康區推案，一時之間台南各區預售屋林立，千帆競發。

有人蓋房子，就需要有人來賣房子。上述新建案（永康區的聯上康橋、昕願景；安平區的昕都心；東區的昕世界）的企劃銷售任務，皆由連續13年蟬聯代銷王座的海悅廣告承接。根據其自身統計，2020年海悅在南台灣接案總金額就超過500億元，範圍包括台南永康、安南、歸仁等，在兩年內也陸續前進善化、北區、仁德等地，在2021年創下全台總接案量1,827.7億元的成績。

穩居北部建商龍頭的寶佳集團和代銷王者海悅廣告紛紛南下，對台南在地業者和銷售模式造成巨大衝擊。一名在台南工作10多年的代銷小姐私下表示，外來業者砸錢搶地、搶人，用流程化的銷售手法賣房子，賣得又快、價格又好，沒辦法跟上的建商和代銷就只能被趕往溪北（註4）去，很難跟他們正面衝突。

對眼前這股改變，陸敬民形容道：

> 「2019年寶佳集團為首的外地勢力
> 大舉來到台南，加上海悅，
> 對台南房市的影響是量變產生質變，
> 將整個台南房價拉抬到新高度。」

台南一間加油站建案廣告林立。

　　針對其中的差異，陸敬民解釋，過去在台南，從預售賣到成屋花1、2年時間很正常；但海悅帶來的是中北部慣用的銷售手法，像是看房要走純預約制，固定的接待中心動線規劃，還有遍及北、中、南的已購客資料庫，這使得北部的投資風潮跟著大舉而至，幾百戶預售屋不到一個月完銷，還刷新歷史價格，徹底改變當地的作風。

　　我們走進海悅的銷售現場，從停車場警衛開始，便被告誡「沒有預約不能參觀」，與在地代銷的熱情態度有著不小對比。幾度來回後得以進到接待中心，映入眼簾的挑高大廳、奢華造景與現泡冰咖啡令人印象深刻，接待中心、櫃台與逐桌分隔的介紹流程也讓人感覺備受重視。過程中，銷售顧問會結合3D軟體與精美圖卡詳細說明環境、價錢與周遭區域的發展可能，用數字建構一幅可期的願景，整體流程順暢而快速。

　　而在另一處建案、現場擺設大量展示家具的當地展示間裡，稍有年紀的代銷人員則在房間內，盛情向我們介紹建案的樓層、車位大小與格局。對方一手按著計算機一手替我們在圖面上做記號，還順帶聊起婚姻、人生觀與台南美食，與標準化的流程是截然不同的感受。

註3：不同土地分區使用方式不同，如住宅用地供住宅使用，商業用地則可興建旅館、商場等建築。其中，平實營區住宅區是住五用地，建蔽率60%容積率210%；平實營區商業區是商業用地，建蔽率60%容積率380%。相較於此，虎尾寮是住二用地，建蔽率50%容積率160%。

註4：以曾文溪做為分界，溪北包括新營區、鹽水區、柳營區、後壁區、白河區、東山區、佳里區、學甲區、北門區、將軍區、七股區、西港區、麻豆區、官田區、六甲區、大內區、下營區，為台南發展較遲緩的區域。

台南在地建商自產自銷的接待中心內，
仍使用傳統式的房產物件介紹與交涉方式。

外來勢力入侵除了打亂在地業者的布局，也將既有的土地籌碼重新洗牌。其中，挾著巨大優勢南下的海悅集團從2020年便開始購地。根據實價登錄交易資訊，媒體披露海悅在台南新市、安南、中西區購入多筆土地，總計已花費近80億。其中，在2020年9月，以4.8億元購入的「台南市新市區新北段10地號」也在2021年2月與永豐銀行完成13.38億元的開發聯貸案，準備在這個緊鄰南部科學園區的區段蓋起住宅大樓。

根據其網站介紹，海悅以廣告起家。公司自1996年成立，源自於建設公司的業務部門，專門提供開發業者土地規劃、建築設計、平面規劃、公共空間、庭園景觀、藝術品味規劃等服務，銷售則是主要任務，曾連續12年榮登全國十大代銷之首。2013年，海悅成立「海悅國際開發股份有限公司」，定位為房地產全方位專業公司，除原有代銷業務外，也參與土地開發、投資興建等業務。

從代銷轉作建商，海悅在巨獸轉型的過程裡，為何如此看好台南房市？

老牌的不動產仲介及顧問公司瑞普萊坊（REPro Knight Frank）市場研究暨顧問部總監黃舒衛認為，遠因是中美貿易戰後拉抬的製造業回流，近因則是台積電帶來產業鏈的強烈需求。他進一步解釋，2018年中美貿易戰引發供應鏈重組，政府順勢推出「投資台灣三大方案」以利息補貼政策作為誘因，吸引台商回台做中長期的經營。熱錢回流後第一波，是流入對廠辦的需求，卻也帶動整個台灣對於房地產市場起飛的預期心態。

再來，則是中美貿易戰後續的全球晶片危機，使得掌握先進製程的台積電角色變得格外重要，也不斷投資蓋新廠。黃舒衛提到，「光2020年，5月到8月，台積電就買了100億元的廠房在南科，加上背後搭配的上下游廠商，需求的量就變得非常大，」他如此形容近年的演變。

2019年到2023年全台預售屋交易筆數皆增長

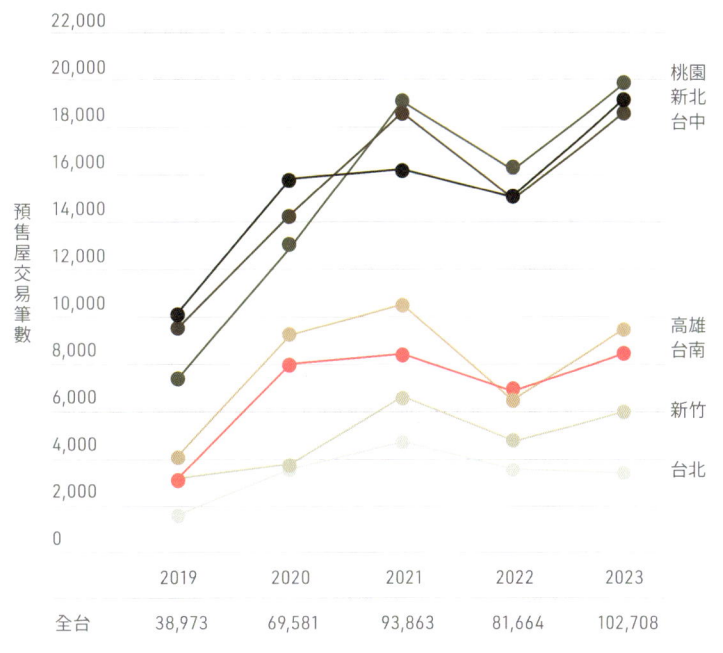

	2019	2020	2021	2022	2023
全台	38,973	69,581	93,863	81,664	102,708

依序：桃園、新北、台中、高雄、台南、新竹、台北

資料來源：永慶房屋房屋交易資料、內政部實價登錄交易資料
資料整理：永慶房屋／製圖：江世民

台積效應的影響，可反映在台南市政府公布的招商成果上。根據市府資料，自2019年1月1日至2021年12月31日止，台南共湧入約1.8兆元投資額，創造超過3萬個工作機會。廠商大舉進駐，員工需要住處，住宅需求因此跟著大增。

黃舒衛指出，過去中南部都是先建後售，鮮少預售屋，在台積電規劃先進製程要在3、5年內投產下，資金和人力迅速流入；在市場沒有住宅現貨的情況下，變成建商拼命蓋預售屋作為期貨供應給市場。他解釋：

「預售屋墊價速度快，
因為那些不是真金白銀；加上中南部房價低，
預售屋要負擔的頭期款少、貸款容易，
等於給了投資客大開槓桿的機會。」

數據可以回應這種變化。依據永慶房屋統計預售屋實價登錄資料顯示，2019年全台預售屋交易為3.9萬件、2020年為6.9萬件，至2021年已達9.4萬件，與前一年相比，增長近35%。

或許是嗅到機會，2021年12月8日台南市仁德區一處預售屋開賣前，現場就出現近30位民眾漏夜排隊，等到上午10時正式開賣時，接待中心更一次湧進上百人，搶房狀況陸續登上各大媒體。

該事件引發台南市府關注，隨即派員前往稽查，但查無不法。只是隔日（2021年12月9日），內政部隨即通過《平均地權條例》修法草案，祭出五大打炒房措施，包括全面限制預售屋換約轉售、私法人購屋採許可制、嚴懲炒作者、預售屋解約需申報、建立檢舉獎金制度等。

蘇柏璋一家人是1995年「南部科學工業園區」設立後，
隨產業進駐「LM特區」的前幾批住戶。即使身為收入頗豐的科技業員工，面對環境、
機能更便利的台南市區劇烈增長的房價，蘇柏璋一家也只能保持觀望。

《平均地權條例》修法未竟，
學者：笨蛋才不炒房

時隔4個月後，這項被視為打炒房重拳的《平均地權條例》修法草案在2022年4月由行政院拍板通過，本來外界普遍預期該法案在5月底前立法院會三讀通過；但修法時間卻一延再延，直到2023年上半年才排入立院議程。

《報導者》在修法排審前的2022年5月來到台南，看到原本預計應該風聲鶴唳的市場卻是一片榮景。投資客小姜（化名）是這麼說的：「修法不會過，那我就繼續買、繼續炒。」翻開房市討論群組的訊息，對於新建案買賣的討論熱度依然不減，恐慌只留在去年12月、內政部釋出打房政策的時候。

當我們走進台南一處接待中心時，更聽到當地代銷建議我們拿出50萬頭期款來投資一戶華廈小宅，「因為修法難過、穩賺不賠。」

對照2022年當時台南市府公布的第一季不動產交易統計，跟前一年相較，土地移轉從14,970筆上升到16,047筆，建物買賣移轉則從5,525棟上升至6,091棟，年增率10.24%。儘管市府說明數字與幾個月前相比出現量縮，但也表明永康區、安南區、東區、安平區與善化區等重點區域仍穩定成長，第一季不動產仍「交易熱絡」。

持續在市場間走動，陸敬民也指出他在台南看到的狀況，仍舊是建商買地、蓋房、開賣，接著封盤（註5）休息，坐等價格不斷往上拉再把房源釋出，並不是買氣低落。他表示，從價格來看，當時台南東區正往五字頭邁進，北區坐四望五，就連善化華廈開價都是一坪37萬元，還怕賣太快。至於台南房市是否出現反轉跡象？「我聞到、我看到、我嗅到的，沒有，」他強調。

走訪台南的過程裡，我們看到大樓、華廈以飛快的速度成長，價格也跟著水漲船高，鮮豔的廣告文案以南科新貴、主管的家、投資未來等標語為主打。但身為科技業員工、居住在個人綜合所得中位數全台前十的台積村，蘇柏璋卻告訴我們，他們想往環境、機能更便利的台南市搬遷的打算，已經因為價格飛漲而變得遙不可及了。

在《平均地權條例》修法前夕，預售屋換約炒作依舊橫行，前台北市副市長、前政治大學地政學系教授張金鶚強調，台灣的狀況是大部分人都是輸家，因為佔台灣總戶數60%的一般蝸牛換不起房子、20%的無殼蝸牛買不起房子，只有20%人是既得利益者，剩下8成都是受害者。

若政府不去積極面對炒作的狀況下，張金鶚指出，其帶來的後果是經濟衰退、貧富差距加大、家庭結構傾斜、同時讓弱勢負擔不起租屋；當住宅成為賺錢的工具，整個社會就只剩下追逐炒作帶來的短期利益，而不斷朝泡沫化前進。

「這個結果是我們能負擔得起的嗎？
當台灣變成炒房之島，
不炒房就是笨蛋，」他說。

2023年1月10日，《平均地權條例》終於在立院三讀通過，但同年8月政府順著選總統大選所推出的「新青年安心成家購屋優惠貸款」再度將冷卻的房市重新加溫，台南市又重新回到狂歡的房市派對裡。媒體統計實價登錄資料就顯示，2024上半年，台南市的成交量比去年同期大幅上升40.5%，成為六都中房市最熱的城市。而大量大樓拔地而起的新市、善化與安定等區，也受到台南科學園區擴建規劃影響，房價接連飆漲。

隨著房市狂潮一波波襲來，這座四百年歷史的古都仍在資金浪潮下不斷變化它的樣貌。

註5：房市裡頭的「封盤」手法，通常是建商鎖住價格讓買方買不到，在預期未來房價會更高之下，避免短期內價格太低賣太便宜。

IN-DEPTH INVESTIGATION 02

打炒房政策混亂，一線投資客從驚慌到驚喜的告白：重上賭桌繼續賺！

文／孔德廉・攝影／陳曉威

根據統計，過去12年全國住宅價格上漲85%。
為遏止助長房價飆升的炒作行為，
近年政府陸續祭出多項政策，
限制預售屋換約轉售的《平均地權條例》也在2023年7月上路。
就在修法進行之際，當時一位年輕投資客告訴《報導者》：
「若修法不通過，我就繼續買、繼續賺。」
萬一通過，他也會想辦法讓炒房之路延續。

2022年4月上旬的一個平日午後，29歲的小姜（化名）跟著拖鞋、慢條斯理地晃到空蕩的咖啡店裡，在尋常上班族趕著與工作拉鋸的時刻，悠閒地享用桌上的咖啡和三明治。雖然有些公司雜務要處理，但小姜並不怎麼擔心，他一邊拉開食物包裝，一邊滑開手機螢幕，一頭栽進一場新的線上競技遊戲裡。不受工作拘束，也與經濟壓力絕緣，是因為他在另一場現實的競賽中獲利豐厚，當年前4個月累計的投資報酬超過300萬元。如果以他的正職月薪4萬元來換算，要工作6年半才賺得到。

那場讓他豐收的競賽是以房地產買賣構築的。準確地來說，小姜是一名投資客，手段是炒房。2019年起，他跟著台積電設廠腳步，足跡從新竹一路延伸至台南，狩獵一間又一間的房產，最多同時擁有16間房。他置產、抬價、轉賣賺取高額價差，透過快速頻繁交易，從毫無積蓄到累積成近千萬元資本，一買一賣的快感讓他賺到自信，更進一步養大他的胃口。

> 「房子就像百貨公司櫥窗裡的名牌包包，
> 架上的價格是兩萬，
> 有人拿一模一樣的東西來只賣一萬，
> 過個手就是一萬元利潤，
> 穩賺的錢你賺不賺？」

小姜如此形容房產投資的邏輯。對投資房地產來說，他比喻的「兩萬」是建商在賣的市價，但小姜總有辦法取得低於市價物件，來做他口中「穩賺不賠」的生意。

2018年第一站：竹科周遭重劃區

2018年，他將首要目標瞄準新竹縣的重劃區──那裡距離新竹科學園區僅兩個交流道遠，價格又比竹北地區親民。在中美貿易戰後帶動台商回流以後，小姜便篤定當地潛力極佳，在跟家裡商借100萬元起家後，正式邁開房產投資的第一步。

「我一開始先從新竹買，會知道百分之百可以投資，是因為一樣的東西，旁邊賣570萬，這邊比較晚蓋才賣530萬，可是點比較好，同建築師不同建商，只有建材稍微不同。」

他買下第一個標的是一棟5樓華廈建案。預售屋開案價格530萬元，直到新屋落成時，價格已經上漲至570萬元，他隨即脫手。用一年時間賺到40萬元價差，對一般投資客來說並不是太亮眼的成績，但首戰告捷已經讓小姜信心大增，他相信房地產投資大有可為。

位於南科園區的台積電廠辦大樓之一。

2019年轉向：護國神山山腳下的淘金浪潮

憑藉第一次成功經驗，小姜很快把觸角伸向台南。他相信那裡有一座亮澄澄的金礦正等著他。「我原本鎖定竹北，但後來碰到問題：資金需求比較高，很多建商不准換約（註1），像我們這種小資族，不能換約是很有困難的。」於是他轉而設定下一波「炒房」條件：總價低、可以換約、漲幅不輸竹北。

在仲介的推薦下，小姜帶著資金進軍台南。他發現台南科學園區的擴廠計畫——台積電20年量產的5奈米廠、22年量產的3奈米廠——就是這座金礦。時任台南市經發局長殷世熙的一席保證更讓他記憶猶新：「台積電5奈米廠廠房興建速度相當快，希望竣工後為台南提供更多、更好的就業機會，讓年輕人不必再『北漂』討生活。」小姜直言：

「最重要的是剛需（剛性需求），
需求愈大的地方，房價最容易往上飆。
為什麼全台最會漲的是竹北跟台南？
因為他們有台積電，有大量的工作跟高薪資者。
即便房市要下滑，他們還是有一定需求，
有最大的支撐。」

小姜實地下台南訪查後發現：「那邊（南科）就很像還沒發展起來的竹北。南科瘋狂擴廠，跟著台積電買就是送分題。」

隨著擴廠工程如火如荼地進行，台南科學園區的從業人數的確在當時出現明顯增長。據南科園區統計，2019年12月的員工數為76,981人，隔年同期上升至80,021人，2024年，總體員工人數則已突破9萬大關。

南科的發展，讓這些未來的科技新貴不必再遠離家鄉工作，但他們帶來的強勁居住需求，讓投資客們開始虎視眈眈。

即便護國神山的確帶來一波淘金熱潮，但當地早已擠滿既有的投資者。小姜這樣一個資金不足、經驗不夠的外地菜鳥根本難以跨入台南房市的窄門裡。許多熱門建案開賣時火速銷售一空，或甚至在開賣前就完銷，沒有任何他可以搶進的機會。

也因此，初期投資小姜只能從一、二線投資客轉手售出的物件開始。但在物件選擇上，小姜奉行「剛性需求」原則：800萬元低總價、鄰近南科15分鐘以內、中高樓層兩房，並以「預售屋換約」為主。就這樣，他沿著科學園區周遭開始狩獵。

註1：根據惠誠地政士事務所解釋，當買方與建商簽訂預售屋的買賣契約後，若要將預售屋轉讓給別人，由於此時買賣的並不是一個實體的「商品」，而是一個這間預售屋登記的「權利」。所以這時候買方和賣方要簽的契約書實際上是一份「權利讓渡書」，由新的買方承接這個將來的產權，建商在完工後就會將這間房子的產權登記過戶給新的買方。而由於買賣雙方簽署的讓渡書效力只存在於買賣雙方之間，故買賣雙方在簽完讓渡書後仍需一同到建設公司完成「換約」的手續，完成建商那邊的程序之後，建商才有個將來要將房子的產權過戶給新買方的依據。

預售屋炒作模式中，不少交易早在建案開賣前，就已經由投資客、代銷與中人之間的合作敲定。圖為建案接待中心內的成屋模型，與本文內容無關。

「一間房子操作盡量在800萬以下，價格是最漂亮的，因為是一般人薪資3萬多塊買得起的，」小姜也進一步解釋，預售屋屋況比成屋好，而且投資預售屋的本金需求較少，加上賣屋時不用帶看房省去很多麻煩，只要選在需求大的地點，自然有漲價空間。

加入建案買賣群組，見識預售屋快速炒作輪迴

至於買來的預售屋合約要如何轉售？在台南房仲推薦下，小姜加入為數眾多的建案買賣群組。這些群組裡頭交易訊息熱絡，不少投資客或房仲每幾天就會丟出新的物件來賣，待合約讓渡給新一輪的投資客後，接手的投資客又會把物件再度加價上架，形成快速過手的預售屋炒作輪迴。

在台南開業近20年的一名在地建商就觀察到，這種輪迴從2021年開始大量發生，他們旗下約莫30坪、總價5、600萬元的建案會在1、2個月內被換約轉手3～4次，每次的加價從幾十萬元到百萬元不等，房價因此愈墊愈高。

面對預售屋漲幅來勢洶洶，有20年以上房地產經歷的瑞普萊坊（REPro Knight Frank）市場研究暨顧問部總監黃舒衛指出：「幾年前跟人家說去台南買房子誰要？這次房市多頭跟過去幾十年的趨勢不一樣，因為就連台南、高雄等低基期、產業外流、人口衰退的城市，房市也像突然打了興奮劑一樣。」

受惠於狂熱的房市，小姜在台南的第一筆投資、花費120萬元在台南市永康區購置的新大樓預售屋，也在半年左右順利出清。這次他淨賺73萬元，投資報酬率更勝以往。

「這個案子讓我很有感覺，
像我們這種投資客有房地產知識跟概念，
就會知道哪個區域會漲，
即便今天政府打炒房打很兇，
但就是有人需要房子，」他說。

拜師「中人」、合作代銷再揪團購：
走入一線炒房客的終南捷徑

「投資客有分等級，第一階的可以買到最新鮮的貨，那種一開案就完銷的；他們再把貨倒給第二階的投資客，或是賣給自住客。我給代銷每戶10萬元的回饋，一次可揪團買20間，現在我是第一階投資客。」

從新竹至台南兩戰皆捷，也嘗到預售屋換約炒作的甜頭後，小姜愈來愈不滿足於接收其他投資客的二手物件。他嫌棄一間一間買賣的賺錢速度太慢，既然要徹底打入台南市場，就要成為可以取得第一手物件的一線投資客。於是他準備好紅包向當地的「中人」拜師，用錢敲開緊閉的門縫。

在多方牽線下，一位台南當地的「中人」成為小姜的導師。中人會不斷地將口袋中高潛力的預售屋物件丟給小姜，更帶他參與團購、與代銷業者接觸，讓小姜有機會領先其他投資客，在建案正式開始銷售之前，用最便宜的價格買到交通最方便、樓層視野最好、環境最清幽的新鮮案子。代價則是每間房數萬元不等的紅包。

即使知道中人沒有「不動產經紀人執照」、也不是合法業者，是遊走在法律邊緣的房地產掮客，小姜也不在乎。因為賺的錢倍數增長，資金池愈來愈大，他的買房操作從1間變2間，2間變4間，4間變8間，8間變16間，收益也複利增長。小姜說，2021年房市火熱時，短時間內買賣10多間預售屋是常態，他手上也一直維持9間左右的存貨放在房產平台和群組內等著出清。

將他持有過的房產在Google地圖上一一標記，便可發現小小的綠旗幾乎將南科團團包圍，地點從北邊的善化、新市，南邊的永康到西邊的安定、安南都有他投資過的足跡。

為了進一步擴大實力，小姜還以每戶3至10萬元不等作為回饋，拉攏認識的代銷一同建立「買房產業鏈」。

這條產線是如此運作的：在建商準備蓋房子之前，代銷會將地點、房型等基本資訊告知有能力購買的潛在顧客，再由中人拉攏旗下的多位投資客成團，集合數百萬元資金嚴陣以待。等到案子準備開賣前，成團的投資客們就會一口氣掃貨，造成開案即完銷的現象。

「如果你是代銷人員，當物件很熱一堆人想買，預約就2、300人，物件才10幾間，那你要賣給誰？不是你的好朋友，就是有人拿錢出來說請你賣給他，」小姜說明代銷與揪團投資客的共生關係，「而且代銷一間一間賣才抽幾千塊，可是他賣給投資客一間可以賺5萬、10萬，加上投資客會組團，代銷一定會想要賣給一次可以包下一整批的人。」

經營兩年，小姜所號召的投資客團已經可以一次吃下20～30戶的數量，量體雖不大，但也足以與建商和代銷進行談判，拿下較優惠的價格作為未來抬價的基礎。小姜詳細地解釋：「要看房的人要排隊、要預約，也很常走進接待中心對方就說賣完了。明明才剛開始賣，為什麼？就是因為有這種產業鏈，建商和代銷是工廠，投資客是經銷商，房子蓋好我們全部拿去分，倒貨給下游第二線的投資客，他們再拿到市面上去賣。現在我們都是這種供貨模式。」

一層墊一層，
自住客買不起的大富翁遊戲

為了確保物件轉手可以賣掉，除了鎖定有剛性需求的區域外，小姜會用低於市價（建商接待中心公布價格）的行情出售：「我買是超低於行情，賣也是低於行情。可能買的時候是市價7折，賣是85折。」他剖析，除非有利差，不然自住客幹嘛跟討人厭的投資客買房子？

壟斷預售屋的供給再低買高賣，十分符合投資的精髓，也讓投資客們成為市場贏家。但節節上升的價格與房源匱乏的恐懼，卻讓真正有自住需求的民眾嚇得頻頻卻步。

34歲的王小姐和男友原本是在竹科工作，後被調動至南科支援，兩人都是高薪的科技業員工，本考慮在台南一同置產，但不得不打消念頭。她說，台積電效應帶動價格真的漲太多，2022年時台南已經出現一坪4字頭的建案，房價高到不敢買，只有投資客才敢出手。

這些價格墊高的過程裡，幾乎每一層都有投資客的存在。小姜就指出，先前他曾一次買4間預售屋，光紅包就花費50萬元；為了把成本賺回來，一間他會加價60～70萬元不等來出售：

「所以通常賣一間我就賺回來了。為了降低成本，集體買房又不違法，要說哄抬也很難檢舉，因為我們只是把房子買下來，建案定價是建商定的，漲價也是他們決定。我們只是體現團結的力量。」

修法斷線之後？
「籌碼買回來、重新上賭桌」

從月薪4萬元不到的平凡上班族到經濟自由的有產階級，小姜人生的轉變僅在3年內發生。2018～2022年的這段期間，是預售屋炒作大熱、台灣房價出現劇烈漲幅的時刻。根據內政部公布，2018年第一季的全國住宅價格指數（註2）為100.62，到了2022年第1季121.01，全國房價漲幅超過2成，急漲幅度相當驚人，創下近10年以來的新高。

預售屋換約所帶動的炒作風氣，將房價迅速拉抬，近年已多次觸動政府的敏感神經。繼央行祭出升息一碼、選擇性信用管控等4波打炒房方案後，在《報導者》採訪小姜的2022年4月，行政院正通過《平均地權條例》草案修法，以嚴懲炒房為名推出五大措施，分別是「限制換約轉售」、「禁止炒作行為」、「解約應申報登錄」、「管制私法人購屋」與「建立檢舉獎金機制」。

當時送進立院的修法內容主要在限制預售屋換約轉售，違者罰50至300萬元；另外意圖影響交易價格、製造熱銷假象及壟斷轉售牟利等不動產炒作行為違者，可處100萬至5,000萬元罰鍰。法案風風火火送進立院後，原本預期會立刻排審三讀，沒想到並未如願排進內政委員會議程中。當時，一位不願具名的代銷業者告訴《報導者》記者，「大家有共識了，年底選舉前（2022年九合一選舉），不會推這個法案。」

一位專跑房地產的廣告媒體人士則透露，「台南、高雄房市交易一樣熱絡，但建商已不會主動對媒體公布房價行情，要維持低調。」

註2：「住宅價格指數」是以類似物價指數之概念，透過品質標準化且具代表性的估價標的（標準住宅），做為衡量各時期住宅價格之依據，取代個案交易數據，呈現「固定品質」住宅價格之「相對變動」，透過指數的差異可呈現各時期相對於基期之價格變動情形，有助於觀察不動產價格趨勢。

圖為同為新竹科學園區外溢的開發區域、北新竹車站周邊新完工的社區大樓。

面對修法的急轉彎，小姜的心態在不到半年內從恐慌轉變成狂喜。他還記得2021年內政部公布《平均地權條例》草案後，房市群組裡投資客們一片哀嚎的慘況，大家都急著下車，市場因而掀起短暫拋售潮。他解釋，《平均地權條例》對投資客最大影響就是「限制換約轉售」，這代表屋主必須持有預售屋到交屋後才能轉賣，不僅要拉長投資案件的持有時間，「短炒變長炒」影響錢滾錢的速度，況且交屋還需要資金還貸款，「槓桿不能拉很大。」

當時小姜看到眾多預售屋物件湧入市場，本以為房市價格會反轉直下，決定先將手中的7間房子依次拋售，卻沒想到市場反應仍舊熱絡，例如其中用成本價出清的3個物件都在一天內全數售罄，讓他認為政府的打炒房手段只是「雷聲大雨點小」。對此，他微笑地說道：

「我就繼續買、繼續賺。
之前為了政策賣掉的房子，
現在我要撒網重新買回來，
進到賭桌上一次把籌碼推出去，繼續玩。」

**政策延後負面效應：
搶時間「備好人頭」，平抑房價徒留遺憾**

面對2022年修法延期，當時內政部婉拒《報導者》採訪邀約，拒絕評論草案進度。最終在延宕一年後，《平均地權條例》才在2023年1月正式在立法院三讀通過，並於2023年7月1日上路。

但在草案躺在民主殿堂裡等候排審之際，小姜早已重新回到戰場。他將原本付給中人和代銷的紅包費用提高，靠先前建立的合作關係、搶在上百名預約群眾之前取得台南市善化區一處炙手可熱的預售屋。同時，他也調整自己的投資策略，除了四處收購現有的預售屋、加快炒作短線換約之外，也挑選可以長期放置的物件，並準備好人頭來避稅和背房貸，打算長期抗戰。

在這場打炒房的戰爭裡早早厲兵秣馬、伺機而動，這些舉動是源於炒房的執著，或更準確地說，是源於對富裕的執著。退伍以來換過多份工作，在房市裡找到人生動力，小姜並不認為厭惡炒房的社會觀感會影響到他，因為他也十分樂意分享自己的投資之道，就像財神爺親自拿著元寶去別人家叩叩叩地敲門一樣。

「用錢才能真的賺錢，工作薪水都是微乎其微的小錢。我很早就知道我一定可以當有錢人，破億的那種，所以25歲設定的目標是5年內退休，現在靠著房地產投資，確實達到了，」他話說得直白。

在房地產市場裡拚搏，這位年輕的投資客在29歲財富自由。他的下一個目標，是在40歲成為建商，自己炒地皮、自己蓋房子，用錢滾錢、富到流油。當經濟條件不再是個束縛，上班工作只是為了打發時間，剛享用完午餐的下午時刻，踮著拖鞋四處趴趴走的小姜，正在前往打拳、健身、游泳或繼續買賣房產的路上。

IN-DEPTH INVESTIGATION 03

鳥籠小宅時代來臨：新青安助攻高房價，小空間貼近基本居住水準底線

文／孔德廉・攝影／陳曉威

輕量級的購屋機會、一條租金轉房貸的減壓之路、
踏入夢幻國度的勝利投資選擇──
集三項優點於一身的「小宅」，正成為如今房產廣告中的主打。
這波「小宅」的爆發僅僅是10年間的事情，
2023年政府推出的新青安政策則是另一劑推波助瀾的強心針。
台灣是如何走入小宅時代裡？
隨之升高的房價又對這個焦慮不已的社會帶來哪些影響？

5 坪小宅內部空間示意

權狀面積約9.85坪
- 室內 5.05坪
- 陽台 0.9坪
- 公設 3.9坪

此圖參考實際建案平面圖繪製
資料整理:報導者／設計:黃禹禎

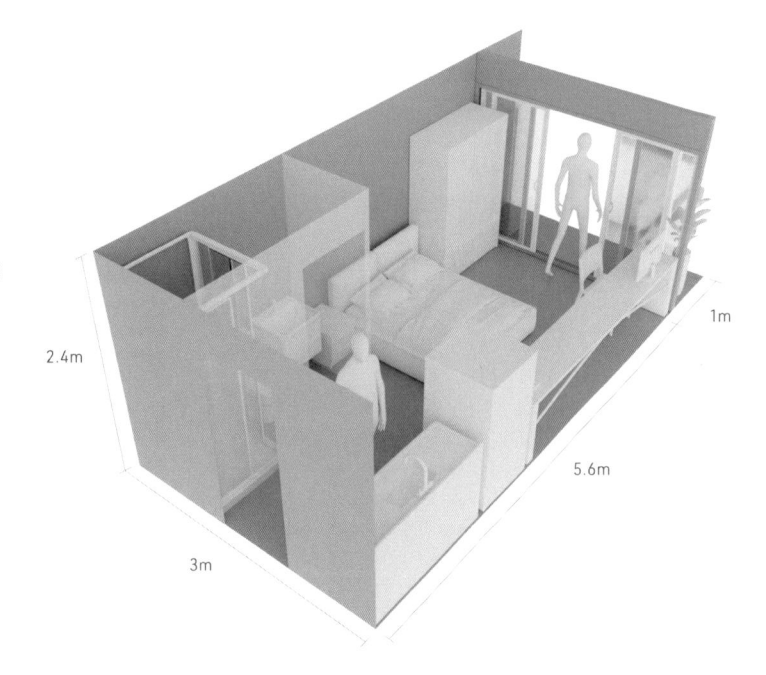

2.4m　3m　5.6m　1m

　　戴上安全帽,一腳跨過上鎖的圍欄,我們跟著銷售人員腳步一頭竄進工地裡,順著深灰色的水泥毛坯地面一路上到二樓。

　　幾間配置雷同的樣品屋等在盡頭,房間入口左側是單口感應爐和一套純白櫥櫃,洗脫烘一體的機器鑲嵌在櫃體正中央;右手邊則正對著浴室,一旁是奶油色牆面配上白橡木衣櫃。除此之外,一張雙人床幾乎占滿剩下的空間,留下僅容側身通過的走道。

　　把坪效運用到極致,是因為我們參觀的這間套房,雖有9.85坪的銷售坪數,扣掉3.9坪公設和陽台空間後,實際面積只剩下5.05坪,而它的售價則高達1,700多萬元,等於單坪開價近150萬元。

　　為什麼這麼貴?廣告文宣中,這個小坪數建案被形容是集眾多優於一身——既是輕量級的購屋機會、是一條租金轉房貸的減壓之路、更是踏入夢幻國度的勝利投資選擇。

　　回到展示中心,銷售人員則再次強調該建案優秀的地理位置,不只位於台北市中心、交通方便,還可入籍蛋黃地段,「我們的物件完全是為了菁英首購族規劃,也適合(申請)新青安貸款。」

　　為了進一步促成交易,銷售人員指向建築模型上醒目的紅色「售」字,每一個紅字都代表一筆成交,現在整座樓幾乎都被貼滿。她連番提醒我們要把握機會,表示該物件除了用料好、地點好之外,更是貼近現代社會需求的產品——因為隨著人口結構轉變,小家庭成為主流,「小宅」是時勢所趨,置產、自住兩相宜,很多客人看完就直接下訂。

　　只不過當身處5坪的樣品屋裡時,這位銷售員止不住抱怨:「這個衣櫃我一直覺得設計得不好,很有壓迫感。」她不斷強調,既然地方小,視覺上更應該想辦法「放大空間」。

2023年全台15坪以下小宅交易占比創新高

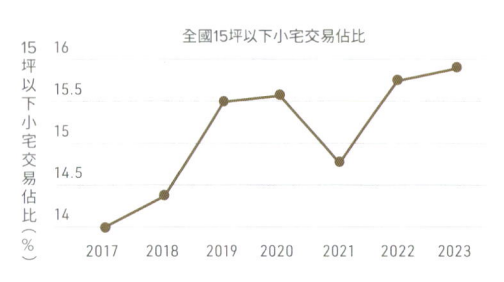

全國15坪以下小宅交易佔比

年份	15坪以下小宅交易佔比(%)
2017	14
2018	14.2
2019	15.4
2020	15.4
2021	14.6
2022	15.6
2023	15.7

全國各坪數住宅交易筆數及佔比

年份	15坪以下	15~25坪以下	25~35坪以下	35坪以上
2017	17,517	38,856	33,712	42,809
2018	20,306	37,449	37,036	46,235
2019	24,250	41,281	40,999	49,675
2020	25,009	41,696	42,484	51,210
2021	23,579	41,306	42,857	51,665
2022	22,808	37,374	38,902	45,529
2023	21,208	34,480	36,420	41,118

長條圖上之數字為交易筆數
資料來源：內政部不動產資訊平台／設計：江世民

2023年台北小宅交易占比逾5成，為六都第一

城市	15坪以下	15~25坪以下	25~35坪以下	35坪以上
台北市	3,985	4,020	3,846	3,051
新北市	4,754	9,291	8,253	5,972
桃園市	2,489	6,187	3,232	9,007
台中市	3,052	3,122	3,744	4,040
台南市	1,136	1,675	2,354	4,191
高雄市	1,747	3,598	3,232	4,056

長條圖上之數字為交易筆數。
參考台北市定義，「小宅」指主建物加上附屬建物面積在15坪以下者；內政部資料中的交易面積若扣除平均35%公共設施，25坪的建物實際使用面積僅16坪上下，與前述小宅定義相符，故本表「小宅」指「15坪以下」及「15~25坪」者。
資料來源：內政部不動產資訊平台／設計：江世民

15坪以下小宅時代來臨

考慮這個問題的不只是這位代銷，該如何設計才能「解放」小坪數房子的空間，也是近年來網路上熱門的話題之一。不少人甚至整理出開放式設計、垂直收納和使用通透材質等「放大術」作為提升坪效的祕訣。熱烈討論背後，反映的是住宅市場的另一項轉變：「小宅當道」。

什麼是「小宅」？台北市作為首善之都，是全台率先定義「小宅」的縣市，地政機關將界線劃定在主建物加附屬建物面積（**註1**）在15坪以下為「小宅」，並定期公布「小宅價格指數」（**註2**）。

以15坪為指標查詢內政部資料可以發現，光是2023年，全台15坪以下小宅買賣移轉數量占整體15.9%，創下自2009年有統計數據以來的歷史新高；到2024年上半年，該項數據仍然持續維持在15.5%的高點。

但內政部的計算標準中，面積不只包括主建物和附屬建物，公共設施的面積也一併計入；因此列表中面積25坪的建物在扣除平均35%公設後，實際使用面積也僅16坪上下，幾乎和台北市所定義的「小宅」相符。

根據資料，在2018年第一季時，全台市場住宅產品以25～35坪為大宗；但自第二季起便出現轉折，15～25坪的交易占比躍升為第一名，如果再加計該年15坪以下交易量，2018年起「小宅」在整體市場的占比就超過4成，這個現象一直持續至今（統計至2024年第二季）。其中，以台北市的小宅趨勢最顯著，目前小宅交易量都超過台北市住屋總交易的5成。

內政部數據也顯示，人們買到的房屋面積愈來愈小。

2023年，全台建物買賣平均移轉面積為29.7坪，這是該項數據多年來首次跌破30坪大關；對比10年前，建物買賣平均移轉面積還為34.6坪，等於相差1個房間。若再與20年前的46.6坪相比，等於現在的住宅直接少掉3個房間大小。

買賣坪數縮小，加上小坪數產品當道，
兩項變化說明了一項明確事實：
「小宅時代」正式來臨。

在火熱房市中異軍突起的投資型物件

然而「小宅化趨勢」並不是台灣獨有的現象。長年關注房市發展的馨傳不動產智庫執行長何世昌指出，住宅變小是既定趨勢，這不僅發生在台灣，也是全球主要國家共同的變化，例如香港、加拿大都有「劏房」，而日本2024年住宅新案規劃坪數也比一年前平均減少約0.8坪。

關於「小宅化」的討論，多半離不開「家庭結構改變」與「房價上揚」這兩項因素。

根據行政院統計，2003年全國單人戶僅64萬戶，核心家庭325萬戶；20年過去，單人戶成長為140萬戶，核心家庭更跌至285萬戶，總體家庭戶數也從過去的696萬戶大增至911萬戶。家庭縮小，意味著不再需要那麼大的住宅空間，這是小宅化的首個論述。

同樣以房價變化做對比，信義房價指數（註3）顯示，正逢SARS風暴的2003年，台灣房價指數為36.82，而到2023年底，該項指數則飆升到153.44。而房價所得比（註4），則從2003年第一季的4.41，到2024年第一季突破10大關，來到10.35，等同於全台灣人平均需要10年不吃不喝才買得起房。房價飛漲讓可負擔的總價下降，才會出現小宅需求，這是第二個論述。

只是家庭結構的變化和房價的上漲都不是發生在一夕之間，「小宅」卻是在近十年才異軍突起。

首波變化發生在2014年。當年房價達歷史新高，過往15坪以下住宅在全國買賣市場中，向來維持8%到10%之間，到該年年底卻突然飆升至13%；同時，15至25坪住宅占比也跟著大漲9個百分點，從17.2%增加到26.2%，兩項數據在此後十年更不斷向上發展。

註1：主建物指室內面積（客廳、衛浴、臥室、餐廳等）；附屬建物則指陽台、雨遮、露台等主建物延伸設施。

註2：住宅價格指數為類似物價指數之概念，透過品質標準化且具代表性的估價標的（標準住宅），做為衡量各時期住宅價格之依據，取代個案交易數據，呈現「固定品質」住宅價格之「相對變動」，透過指數的差異可呈現各時期相對於基期之價格變動情形，有助於觀察不動產價格趨勢。

註3：信義房價指數以2016年第一季為基期，指數100。2023年底指數達153.44，代表較2016年第一季，房價已經上漲53.44%。

註4：房價所得比＝中位數住宅價格÷中位數家戶可支配所得。代表一戶中位數住宅對於中位數家戶一年可支配所得之比值。

除了「小宅」躍上檯面外，在那風起雲湧的一年裡，也正好是「帝寶」榮登豪宅一哥的日子。實價登錄資料裡，台北市仁愛路「帝寶」建案以每坪298.2萬元的成績居全國房價之冠，但民眾的怒吼也隨之而來。2014年10月4日，1.5萬人躺在「帝寶」門口，馬路上一片黑鴉鴉的身影齊聲吶喊著房價高漲、居住正義無法落實。

為了抑制火熱的房市，2014年適逢九合一選舉之際，當時不僅央行祭出擴大信用管制、限貸令，行政院也著手研擬修正「房地合一稅制」，規定房地產交易獲利超過400萬元將依差別稅率課稅；另外持有房屋時間不滿一年出售，將會被課徵45%的重稅等。前政治大學地政學系教授張金鶚，任職台北市副市長時更喊出「兩年讓房價消風三分之一」的口號。

高力國際業主代表服務部董事黃舒衛對當時的變化還記憶猶新。那時他身處全台最大房產公司之一永慶集團，負責市場分析的他就觀察到，即便打炒房措施不斷，但低利環境不變、市場預期房價大跌機率低，都會地區買小宅的風氣仍然旺盛，如台北市20到40坪住宅占比，就由2014年的28.9%增加至2015年的44.3%，增幅達15.4個百分點，顯示北市購屋者對於中小坪數接受度正逐步提高。黃舒衛分析：

「那時小宅還不是一個非常常見的樣態，
對大部分人來說只是廚房或廁所縮小，
還是剛需、是自己住在裡頭。
但這兩年來的趨勢是緊張地往小宅那邊移動，
它不是自住需求，是投資需求，
大家都想從裡面獲利。」

2014年的新聞稿裡，這位房地產專家用「中小宅」的字眼來描繪市場上熱銷的20～40坪住宅。他指出這些中小坪數的住宅雖然可運用的空間較小，但由於總價低，不少物件還會搭配裝潢，對首購族仍具吸引力。

空間縮減的自住型中小宅 vs. 小口化的投資鳥籠

隨著時間推移，小宅的樣貌也跟著出現改變。過去被稱為「小宅」的物件，權狀坪數約在30坪左右，以自住居多，這和如今面積更小、投資客進場的小宅樣貌有不少落差。一位營造第一線的工作者和我們分享了他的觀察。

Denny是一位有10多年資歷的工地主任，服務的單位正是這幾年蓋出最多小坪數產品的建設公司。關於近年小宅變化，他先是向我們解釋旗下預售屋的銷售流程：一般建商會將房屋銷售分成幾個階段，第一階段為「潛銷期」，銷售對象多半是自家人和老客戶。自家人包括營建流程中的所有關係戶，作為管理階層的他也可以用8折到9.5折不等的價格先取得購買權利；老客戶除了先前買過公司其他建案的客人外，最多就是投資客。「在這個階段，老客戶一定會先買起來等著出售。這階段的銷量占所有戶數的2成。」

第二波則是潛銷結束、工地開始動工挖地基後，此時預計會按照正常預售流程賣出4成戶數。Denny指出，這個階段是價格墊高的關鍵，因為建商會依照銷量好壞決定是否將剩下的物件鎖起來，等建築結構來到6、7成時，才會釋出剩下的4成到市場上，而且是分階段開賣，讓價格可以一層一層地疊上去。假設潛銷賣一坪50萬、第二波就可以賣到將近60萬，最後4成出售時價格到70、80萬元都非常常見。

現代小宅的投資取向明確，位在捷運沿線的交通便利區域，各家房仲業者密集推出的購屋廣告中，也有不少小宅物件。

　　順著這個銷售邏輯，Denny指出，如今土地取得成本愈來愈高，建商為了將利潤最大化，會選擇把房型分割得愈來愈小，藉此來衝高小坪數的單價。因為那些坪數愈小的小宅總價低，第一好賣，第二門檻低投資客最喜歡，都買來出租，只要口袋稍微深一點，撐過「房地合一稅2.0」的5年轉售閉鎖期（凡持有房屋5年內出售者，將課以重稅35%～45%）不是問題，再不然就是把租金調降個1、2,000塊，跟租戶協商不要申請租屋補貼，政府永遠不會知道他有營業行為（註5），他解釋。

　　業者的觀點，大致描繪了現代小宅的幾項特徵：坪數小、單坪價格高、投資取向明確。

　　2024年9月，有媒體以「牙籤屋」為名，彙整了北台灣歷年推出的小坪數建案；其中，台北市大安區的建案「銘軒沃和」以20.8坪的基地面積拿下第二名，但驚人的是公設比高達64%，每坪開價140萬元。以該案推出的15坪套房來計算，扣除公設室內面積僅剩下5.4坪，總價則突破2,000萬元。黃舒衛分析：

「現在的小宅就是被當成一個金融商品在操作，
一棟建築上億根本沒人買得起，
那要進場怎麼辦？把它小口化，
建商就用證券化的方式，把實體切成小豆腐，
讓大家都分得到，讓大家都可以買，
這樣的小宅產品在這兩年才會非常非常多。」

註5：如出租給房客營利等行為，若房東同意房客申請租屋補貼，則可以享有每月每月租金收入最高1萬5,000元之免稅優惠、地價稅、房屋稅優惠等。若不同意房客申請，則房東維持房屋自有，不需被課徵房地合一稅。

新青安購屋優惠貸款政策一度讓自住戶有機會輕鬆購屋，
但後續帶動投機者大舉進場，反讓整體房市失速飆漲。

　　這位房市專家也提及，「小口化」小宅的大量出現跟政策影響脫不了關係，關鍵就是「新青安」。他解釋，2021年起，政府陸續釋出幾項打炒房政策，央行也祭出信用管制手段，目的就在於讓房價軟著陸，調整市場規律；但新青安的出現就像突然幫市場打了一劑強心針，讓房子成為只漲不跌的標的，大家想盡辦法先從小的物件開始卡位，因此創造出強烈的「小宅投資風氣」。

新青安：一針瘋狂的房市興奮劑

　　新青安，全名是「新版青年安心成家購屋優惠貸款」，這並不是一項全新的政策，過去也一直有青安貸款存在。只是在2023年8月1日正式上路的方案裡，政府將過去3年的寬限期一口氣放寬到5年，期間只需繳納1.775%的利率，不需償還本金；不僅貸款額度從800萬元變成1,000萬元，貸款年限也從30年拉長到40年，以此來協助青年購屋。

　　該項政策一推出，立刻讓小宅成為炙手可熱的商品。根據內政部統計，就在新青安上路的2023年第三季，15坪以下的住宅，在整體買賣市場中的占比來到16.11%的新高。這正是因為1,000萬元的貸款額度，恰恰對準了購買小宅所需的資金缺口。

　　攤開「591房屋交易網」整理的新屋成交數據可以發現，2023年的全台平均成交價約為每坪54萬元，若是以常見的權狀坪數20出頭坪來計算，總價正好落在1,200萬元上下。扣掉千萬貸款後，只要200多萬的頭期款就可以成為有殼一族，新青安還提供5年寬限期來舒緩還款壓力。

　　對此，房仲全國聯合會不動產智庫會長張欣民

就曾為文指出，新青安優惠房貸讓原本買不起房的剛性自住買盤以投機的姿態大舉進場，到現在都還後勁十足、久久不散，幾乎已到失控地步，整體房市有如「失速列車」，說新青安是罪魁禍首也不為過。

隨著政策而來的另一項副作用則是房價飆漲。信義房價指數顯示，光是2024年台北地區的房價與2023年同期相比，成長率就來到驚人的14.24%；六都其他地區中，桃園、新竹、台中和高雄的第二季房價指數也分別有15.57%、17.09%、14.85%和13.09%的漲幅，總計全台數字則來到11.86%，這代表新青安上路的一年間，六都房價上漲超過1成。

被外界視作是為了新青安收尾，央行在2024年9月中召開理監事會議後，隨即祭出了「第七波信用管制」，試圖透過限縮放款成數、放款人條件審查從嚴、縮短還款期限等限貸令來控制銀行資金的流向與流量。只是在短短兩週後，央行緊接著宣布「豁免條款」，用排除繼承、換屋，和包含新青安在內已簽訂契約者三大族群來避免「濫殺無辜」。

只是在已經失控的房市派對裡，無數人正坐困愁城。

坪數變小、買價變高，小宅趨勢下的焦慮與不安

幾位30歲的年輕人向我們述說了小宅化帶來的影響。「痛苦」、「焦慮」、「鳥籠」是常見的形容，即便有人仰賴新青安買下人生第一間房，但超過1,000萬元的支出只換到一間權狀17坪的套房，扣除公設後實際坪數更只剩下10坪；這位青年直言，這樣的選擇雖然讓他免去租房奔波的辛勞，但小宅其實並不符合他對正常房子的想像，5年寬限期期滿後，終究會脫手找尋「真正的家」。

跳進場內的不滿意，在場外觀望的則是萬分焦慮。即便能買到的空間愈來愈小，但2024年上半年的買氣仍舊旺盛，內政部資料顯示，2024年1～8月六都建物買賣移轉棟數合計為18萬7,582棟，與前一年同期相比年增27.5%，創下自2014年來的11年同期新高紀錄。

熱絡買氣下，整體社會瀰漫著一股焦慮的氛圍，似乎只要沒買房，就會被拋出資本社會的賽道，起步就輸掉人生。這樣的說法幾乎是阿威（化名）的寫照，35歲的他和老婆、剛滿週歲的兒子一同在新北市新莊區租房，原本打算在結婚後就在當地買房，但小孩出生打亂計畫，房價則一路高歌猛進。他原本預計退到三重重劃區，選擇30坪左右的物件，但一年來的漲幅又將阿威逼退一步，他的選項只剩下20出頭坪的建案。「我不想住鳥籠，可是現實很骨感，沒有太多選擇，」他苦笑著說。

最終阿威還是決定出手，他說想給家人一個穩定的空間，也希望房價能持續維持在高檔，這樣起碼能證明自己的選擇不是錯誤的。

追逐買房夢的過程裡，和阿威一樣的人有一個代稱：「FOMO族」（Fear of Missing Out），意思是害怕錯過。這並不是一個新的用詞，上一次出現正是在2020年的台灣股市狂潮裡，當年新增開戶人數達67萬人，創下歷年新高，平均每兩人就有一人投身股海。

只是小宅化的趨勢中，股票換成了價格更高的房地產。根據永慶房屋最新公布的調查顯示，阿威購屋的地點，正是近一年來全國25坪以下小宅買賣最熱絡區域的第四名，平均單價49.8萬元。

對於這股趨勢帶來的影響，馨傳不動產智庫執行長何世昌給出了負面的評語。房市小宅化

是個悲哀的趨勢，意味著購屋族愈買愈小，必須降低買房坪數來減少購屋負擔。他認為每戶平均人口數減少並非主因，關鍵就是「房價太貴」，畢竟對多數人而言，「買得起帝寶何必窩在鳥籠中？」

事實上，「鳥籠」在如今的小宅趨勢上，或許是一個相當貼切的形容。許多人開始將台灣的「鳥籠小宅」與香港的「劏房」相比，原本就已經有限的空間，正被切割成更極限的使用，而關於居住品質的討論仍然空白。

12年未調整的「基本居住水準」，鳥籠小宅已緊逼居住底線

關於居住空間和居住品質的關聯，世界衛生組織（WHO）在2018年就曾發布過一份「住房與健康指南」（Housing and health guidelines），內容提及正常的空間規劃應避免「過度擁擠」，因為「過度擁擠」會增加傳染病（如結核病和其他傳染病）、腸胃炎和腹瀉疾病的風險，會與伴侶間的暴力風險增加有關，也會對心理健康和睡眠品質造成負面影響。

基於各國狀況不一，該份指南並沒有針對具體的空間大小提出建議，但內政部國土管理署其實曾在2012年訂定台灣的「基本居住水準」，規定平均每人最小居住樓地板面積約3.95坪，且須具備大便器、洗面盆、浴缸或淋浴等3項衛浴設備；二人居住最小面積需5.27坪（平均每人2.63坪），三人最小為6.59坪（平均每人2.19坪）等。

只是這項標準已經12年未曾調整過，隨著「鳥籠小宅」的普及，權狀坪數10坪的新建案若供兩人居住，在扣除公設後，幾乎已經快要貼齊法定最小居住面積的底線。

法規變革前，如今的「鳥籠小宅」已經成為市場的最大公約數，但隨著空間縮小，長期關注住宅政策的倡議團體OURs都市改革組織則認為，這樣的變化正在扼殺家庭的支持性和個人發展的可能。

OURs政策研究員廖庭輝以社會安全網的概念向我們解釋。他指出，家庭涵蓋了如父母、手足、夫妻以及親子等多重關係，這些關係層層交錯，為個體提供強烈的支持、情感、安全與回應，是社安網中非常重要的非正式社會支持體系。然而逐漸縮小的空間除了消滅緩衝地帶、導致情緒衝突外，運用不同空間規劃（多一個育樂室、讀書室或甚至是留白）所能產生的可能也跟著消失。他強調：

> 「空間愈小，家庭作為情感支持跟社會救助的防線也會跟著崩潰。」

同樣從社會福利的角度來看待如今房市的變化，中正大學社會福利學系助理教授劉豐佾指出，居住是每一個人都應該擁有的基本權利，當小宅化日益嚴峻，政府更應該想一下這樣子的居住空間、這樣子的商品，到底對整個社會的影

響是什麼？甚至要保護的基本居住權利底線在哪？基本居住的品質要怎麼拿捏？

這些疑問之外，如今大眾多半聚焦在購屋市場上的小宅化趨勢，缺乏對租屋市場的分析，為了探究不同層面的效應，《報導者》爬梳了591租屋網2019年至2023年的物件數據。其中，我們發現不僅20坪以下的出租小宅在六都的數量跟占比上都有顯著增加，租金也跟著一步步調漲。這樣的結果更像是小宅化的延伸，這股趨勢中，空間縮小的不只是買賣市場裡的物件，副作用也已經蔓延到向來不透明的租屋市場上。

對於如此的變化，社福體系出身的學者劉豐佾並不感到意外，他直言：「我覺得政府有時候政策評估或影響評估實在做得太少，甚至可能沒做就倉促地上路。」

**長年低利率政策下的副作用：
房價飆漲、鳥籠成常態**

這樣的觀察正好和前央行理事、台大經濟學系教授吳聰敏的經歷不謀而合。接受我們採訪時，這位經濟學家指出，台灣政府部門並沒有真正深入做房市調查；而中央銀行作為制定、執行基本貨幣政策的獨立單位，也沒有花費太多心力深究政策的影響性，自然無法通盤應對高房價及鳥籠小宅帶來的急劇變化。

對於2024年9月央行釋出的第七波選擇性信用管制，吳聰敏也認為此舉和往常一樣，並沒有辦法完整地解決問題。他指出，過去數十年台灣低利率政策的成本之一就是房價飆漲，新青安的低利率更創造「房價預期」，讓大家硬著頭皮去跟銀行借錢買房子，後續等著價格上漲、出售獲利，這是政府鼓勵的。

隨著房價所得比不斷攀升、鳥籠小宅已經成為常態，吳聰敏認為政府若是有意對症下藥，反而更應該想盡各種辦法來打消「房價預期」，例如動用利率工具，由央行出面宣示透過升息來抑制房價上升預期等方式，讓社會大眾覺得政府有看到問題、有想辦法解決問題，更有面對問題的魄力。

「不然年輕一代現在變成這樣，
再怎麼努力都達不到目標，
變成不如想辦法去股票市場賭一把，
或是借錢在房地產市場開槓桿，
這些都是惡性循環，」他指出。

2024年國慶演說裡，總統賴清德拋出承諾，將會加快「打炒房」效率、擴大對租屋族的照顧、平衡換屋族需求來實現「居住正義」，即便得罪特定團體在所不惜，因為國人最在乎的是高房價下的生活壓力。同一時間，央行也預示已經在策劃新一波的選擇性信用管制，似乎磨刀霍霍準備掀起新一波的「金龍海嘯」。

那麼在台灣法規對基本居住水準仍舊停留在12年前水準、無論租房還是買房的空間都正在「鳥籠化」的時代裡，真的能夠迎來改變的一天嗎？

IN-DEPTH INVESTIGATION 04

10坪千萬小宅、6坪套房育兒——
鳥籠時代的青年居住圖像

文／孔德廉・攝影／陳曉威

內政部統計資料顯示，
2023年全台15坪以下小宅買賣移轉數量占整體的15.9%，
創下自2009年有統計數據以來新高點；
2024年上半年，該數據仍維持在15.5%。
當房市單價愈來愈高，「小宅」成為主流商品，
居住空間愈來愈小，那些正處在購屋抉擇的年輕人，
他們如何消化為房價所苦的無奈心情？

一路走來，董小姐的職涯都與房地產脫不了關係。

在同齡人裡，30歲的她算是「見過」最多豪宅的人了，只不過這些豪宅只存在紙面上，而她的工作是負責描繪這些豪宅——質感的、高雅的、磅礡的，或是奢華的，任君挑選。作為一名房地產廣告文案，她用想像力來達成任務。

「房地產廣告本來就很藝術，跨度又很大，比方說叫我去寫豪宅建案就很難寫，因為我根本就沒有住過豪宅，還要去揣摩顧客心理，那有錢人在意的跟我一樣嗎？」在這份工作裡，她得心應手的反而是另一類近年占據市場的主流產品：「小宅」。

台北市是全台率先定義「小宅」的城市，該處地政機關劃定可使用面積在15坪以下的建案稱之為「小宅」。我們依據這項定義查詢內政部統計資料後發現，光是2023年，全台15坪以下小宅買賣移轉數量就占了整體的15.9%，創下自2009年有統計數據以來的歷史新高。

由於內政部採用包含公設的權狀坪數為標準，因此若扣除平均35%公設，25坪物件實際使用面積只剩下16坪，和台北市定義幾乎相符。而統計數據發現，2018年起25坪以下的「小宅」，在整體市場中占比已經正式超過4成。

令人意外的是，「小宅化」的浪潮對董小姐的工作反而頗有助益。她可以輕易想像同輩人的需求，無論是剛剛成家的、單身養寵物的、或是伴侶同居；這些人正準備邁向人生的下一道關卡，渴望一個穩定的居所，所以她會使用「家」、「溫馨」、「獨立」等詞句，來打動目標客群。

但這類文案背後，還有一些禁忌：「不去談坪數，還有挑高不能講，就是隱惡揚善。」

董小姐和我們解釋文案中暗藏的玄機：不談坪數，正是因為大多數人並不喜歡狹小的空間——雖然目前趨勢就是房子愈來愈小；挑高不能講，也是因為這類案子通常坪數也小，只是運用向上空間來擴大總面積，所以建商更喜歡直接標榜樓高，藉此來暗示買家可以「二工」（註1）。

註1：二工是二次施工的縮寫。由於所有房子在開始蓋之前，都要申請「建築執照」（建照），以此確保後續施工方向；待工程到一定進度時，還需申請「使用執照」（使照），確保建案有確實按圖施作後，才能正式販售交屋。二工通常會發生在拿到使照後，目的是為了增加銷售面積或是改動建案規劃等，由於違反當初的施工設計圖，此舉屬違法行為。

被租屋黑市與鳥籠小宅夾擊的返鄉青年

儘管在工作上帶來幫助，但「小宅化」卻在生活上給予重擊，讓這位房地產從業者和多數年輕人一樣，為窄仄的空間和高額的房價所苦。

2016年大學畢業後，董小姐為了工作北上，一直待到2023年年底才因為照顧家人的原因回到家鄉台南。8年時光裡，她領著比最低薪資稍高一點的薪水，其中的三分之一在新北市新莊區租房，但那並不是一段愉快的記憶，因為她住的是公寓分割出來的4坪多小雅房。當時隔壁住著一對年齡相仿的年輕夫妻，他們在5坪大的套房裡養育一對兒女，嬰兒的哭鬧聲震天價響；因為空間狹小，夫妻高分貝的吵架聲也時常穿透輕隔間的矽酸鈣板。

忍耐5年後，她決定搬家。尋找住處的過程裡，看過藏在小閣樓裡的副房、牆壁破了大洞的舊公寓、也曾經被網路上漂亮的照片欺騙，到了現場才被告知該戶已出租，旋即被帶往更小的物件裡。但她自陳，這不是北漂血淚史裡最慘烈的經歷。又在板橋住了2年後，習慣開闊空間的她決定回鄉，沒想到那裡才是惡夢的開始。

「回台南工作真的很恐怖，就算（雇主）嘴巴說多喜歡你的技能，薪水就是一口價、不會超過3萬，永遠都不會。房價更離譜，連鄉下地區房租都8、9,000起跳。我就心想好，我不幹了，」董小姐一面拿著手機分享鄰近區域租屋價格，一面吐露心中的沮喪。

她口中的鄉下地區，指的是台南市七股區、西港區與佳里區的交界，那裡正是董小姐的老家。緊鄰曾文溪，過去曾經是商業盛極一時的台江內海內港，隨著港口淤塞陸化後轉變成農作為主，向著海

模組化生產的組合屋有許多名字，更被稱作「新型態的居住選擇」。
不少廣告會提及這樣的選擇是高房價時代下的一種替代，
買組合屋同樣也可以完成買房夢。

邊開車10分鐘就可抵達鹽山欣賞美麗的夕陽景致。

但她無暇欣賞美景，房市的變化莫測反倒讓她如墜五里霧中。

內政部資料顯示，台南市的平均建物買賣移轉面積從2013年的40.9坪減少到2023年的32.9坪，下降幅度全國第二。隨著面積變動的還有價格，房屋業者統計台南近3年25坪以下小宅單價，從17萬元上漲至21.4萬元，漲幅近26%傲視全台。而在董小姐準備租屋的台南市佳里區，不僅2024年6月住宅價格指數與前一年同期相比漲幅來到9.73%，與上期相較，漲幅更是居台南所有行政區之冠。

本以為離開雙北就可以擺脫高房價的桎梏，在家鄉台南，董小姐看著原本的透天厝漸漸消失，小坪數物件逐漸取而代之，她再一次被捲入「小宅化」的浪潮裡，只好回到三合院老家，與家族親戚共處。只是從高中就獨立在外居住的她，仍想要有一間獨立不受干擾的住所。

「當房價變成這個情況，我就意識到該放棄了，所以才想去看組合屋，」她計劃著，「老了以後還能和家人朋友各弄一戶放在一起、還要養狗。」

寄望組合屋，一圓買房夢？

打消租房計畫後，董小姐踏上了另一條「看房」之路。她率先選定的是一處外表簡約的組合屋，和傳統貨櫃屋不同，號稱牆壁厚度達5公分，材質抗熱隔音又耐震；屋內的木紋地板上安裝有簡單廚具和衛浴，放上現成家具即可入住。廣告裡，這項產品號稱是按照一般人對家的想像設計的，是一間人人都住得起的房子，因此14坪左右的空間，設計加施作定價僅50萬元上下。

另一個選項則是外型頗具設計感的「蘋果艙」。弧型鋼架配上大面落地窗和精緻裝潢，看起來有如科幻電影中出現的未來住宅，更被廠商形容為住宅的全新形式，可以做為永久居所使用，也由於其設計製造都在台灣，一戶約10坪大小要價超過100萬元。

為了確認組合屋的排水狀況，董小姐甚至特別選在下雨天去看房，一連花了幾個月時間後卻陷入兩難。「（組合屋）優點是便宜、可以客製化、組合快速工期短，講難聽一點就是可以把它當手機，壞了就丟，換一個新的就好。但缺點也很明顯，不保值而且使用年限短，哪天來個超級颱風不知道會不會被吹走；住得不踏實之外還比較不體面，邀請朋友來，他一看就會覺得，你住組合屋是不是生活條件不好？」她道出心裡的種種考量。

此外，購買組合屋還存在另一項待解決的難題：土地。由於組合屋仍屬於《建築法》中規定的「移動、非定著式建築」，物件必須擺放在建地之上，且須向各地方政府申請建造執照和使用執照，不管是租用或是購買，土地取得是一項關鍵。

但離家近的都是農地，買下緊鄰市區的建地又是另一筆大額開銷，「這樣做值得嗎？」董小姐反覆詢問自己。即使如此，這些組合屋的廣告仍深深打中她的心：一樣是圓夢，只是用相對便宜的方式買下屬於自己的一方天地，既有居住品質，還可以自己客製化自己的家，那其實也算是完成了夢想。

如今，現實難題擺在眼前，這位返鄉的北漂族仍躊躇不前。因為過去幾年的租屋經歷消磨了她對租屋市場的信心，號稱「新式住宅」的組合屋又有許多待克服的缺點。隨著「小宅趨勢」逐漸

海海將自己的住處布置得非常溫馨，但他也認為這樣的居所只是一種「過渡」，並非「真正的房子」。

蔓延到南部，市場上的物件開始變得又貴又小，不知道該怎麼選擇的她，就像一隻被困在迷宮裡的倉鼠，尋找出路時一再碰壁。

新青安貸款千萬買房，他的10坪小宅人生

過去10年，南部城市的住宅買賣面積少了8坪，幾乎是兩個房間的大小，這使得居住形式有了劇烈變化。然而在小宅占比更高的北部，室內實際坪數只剩下15坪已經成為常態，那些買「小宅」的人是怎麼想的？

2023年年底，多支影片在YouTube平台上架，主角名叫海海，他透過鏡頭記錄下運用新青安貸款在新北市買房的心路歷程，該系列取名為「小宅人生」，因為他斥資千萬元買下的，正是權狀坪數17坪、扣除公設後僅剩10坪的中古小宅。

我們找到了海海，他的年紀和董小姐相仿，本業從事廣告行銷，兼職YouTuber一方面是為了記錄人生，另一方面則希望透過平台分潤來創造另一份收入。在他所有的影片裡，買下小宅的經歷是最受歡迎的，不僅擁有將近10萬次的觀看次數，還有近千則留言，有人恭喜他買下了日後擴大資金的基礎，也有人感嘆台灣的房價已經高得不可思議，「買房是花大錢把自己綁在鳥籠裡」。

這則影片隨後被各大媒體轉載，卻也引來大量嘲諷。「房奴」、「盤子」、「買房韭菜」、「傻了才會買」，各種留言雖是批評海海的選擇，實則也反映了大眾對於高房價下愈來愈多「鳥籠小宅」的不滿。

一片罵聲中，海海決定再次拍片向網友說明自己的規劃，第一步便是關於新青安貸款的使用。

這項全名為「青年安心成家購屋優惠貸款」的政策，於2023年8月正式釋出，政府透過釋放1,000萬元貸款額度、40年貸款年限、5年寬限期和利息補貼，試圖協助青年購屋。在海海規劃裡，5年寬限期正好派上用場，這個期間他只要月付12,000元的貸款即可，比過去20,000元的房租還低，等於可用低利息的貸款來取代在外租屋的支出，產權還是自己的，不用擔心隨時會被房東趕走。他也在鏡頭前解釋：

「很多人說40年的房貸要繳一輩子，
必須期待人生不會發生意外；
但我不是這樣想的，
我始終沒有覺得我要持有（這間房）一輩子，
這只是一個過渡期的考量。」

**「沒有人想要住小宅，
是買不起所以才只能住小宅」**

「過渡」，也是海海受訪時不斷提及的字眼。他指出新青安將房貸拉長到40年是降低買房門檻，讓每個月的負擔降低；待寬限期過後，他更不擔心手中小宅沒人接手，因為過去一年，該處地段由於交通便利，實價登錄顯示一坪已經有10萬元的漲幅，房仲更不斷催促他轉手。

只是他並不是一開始就是小宅的信徒。

起初，海海和多數年輕人一樣選擇租屋，他和兩隻貓一同住在新店一處大樓的分租套房內已有5年之久。隨著當地房價飆升，在租約即將到期前，房東告知他準備把房子賣掉，因為房市火熱、一買一賣之間將有7、800萬元的獲利。同一時間，海海老家也出現問題，他頓時成為無處可歸的遊子，心中那股買房圓夢的心願變得益發強烈。

「其實我從小時候就很想要買一個屬於自己的房子，就一直會有一個觀念好像是我需要買一個房子才是安定的表現，或它是一個小小的里程碑跟目標。」於是海海把預算訂在1,500萬元左右，開始尋找兩房一廳的中古物件。

這些條件在2019年還有不少選擇，但在他開

始看房的2023年，正好迎來一波房市多頭（指房價與交易量上升的暢旺情況）的高峰。海海不得不一點一點地退縮，先是退出台北市、離開新北市蛋黃區，後來甚至發現在不少新北市蛋白區中，這個總價根本毫無競爭力。

看房本來是一種喜悅，但過程中心態漸漸變得痛苦：為什麼不早一點來看？為什麼追不上漲幅，房價愈來愈貴？為什麼條件好的物件我買不到？到底誰才有資格買房子？焦慮和疑惑不斷在他的心中交織。

算不清對著網站上的價格嘆息到第幾次後，海海決定把期望降低，不再奢求兩房一廳的格局，只要生活機能尚可，距離他上班的台北市不要太遠就好。最終，他在永和找到了現在的居所，能夠俯瞰新北市景緻的10坪高樓套房，樓下就是賣場，距離捷運環狀線約1公里。為了讓空間更符合需求，他更花費70萬元將室內重新裝潢。

我們實際走進這間「千萬小宅」裡，穿過入口兩邊的廁所和單口IH爐的廚房，映入眼簾的是木質地板搭配米白色的系統櫃；250公分寬的灰色沙發和1公尺高的層架則為開放式的空間隔出獨立的客廳。除此之外，整間房間還容納得下一張標準雙人床和一張書桌，對獨居者來說，這樣的空間勉強還過得去。

但海海告訴我們，在他心中，一直不覺得這是一間「真正的房子」，當初網路上一片質疑也曾讓他感到難過。他吐露心聲：「重點在於大家覺得用1,000萬買套房是不理智的，可是房價就是這樣，沒有人想要住小宅，是買不起所以才只能住小宅。這邊沒有客廳、甚至沒有房間，也不符合我對正常房子的想像，可是現實很骨感，我只能買得起這種程度的房子，然後盡量讓這裡舒適一點，就是退而求其次的結果。」

海海的計畫，是撐過5年寬限期後以小換大，也不一定要再待在物價高昂的北部。在他理想的真正房子裡，會有兩房一廳，客廳是客廳、房間是房間，他會把所有蒐集的公仔全部展示出來，讓空間中能真正留些許餘裕，而不是像現在沒有其他選擇。

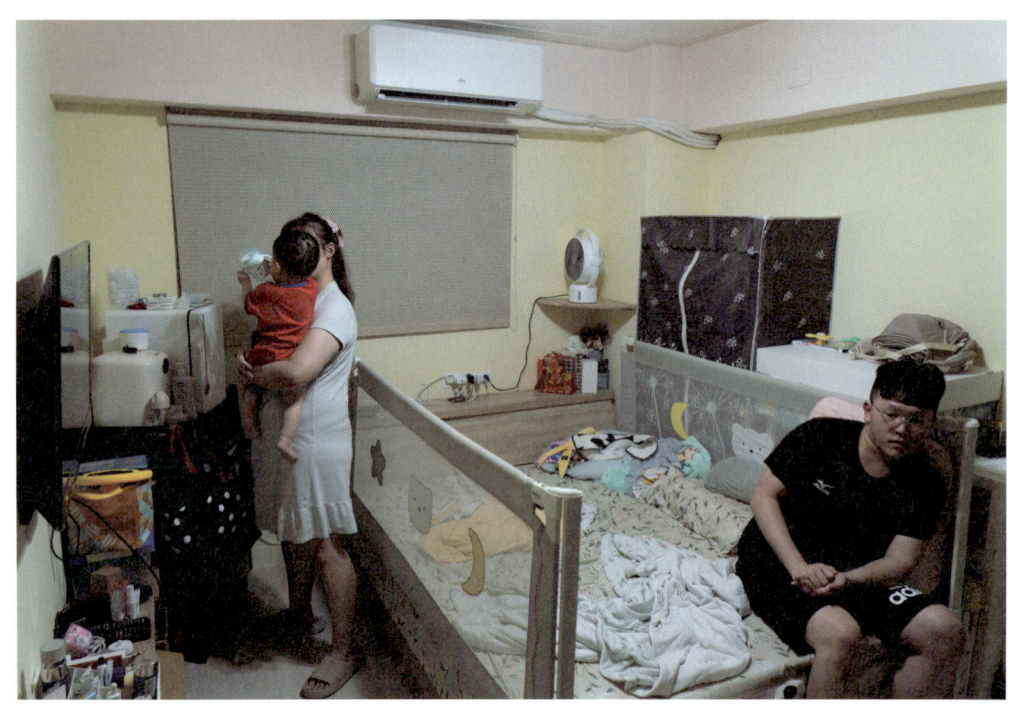

愛德華、鯨魚和兩人的兒子一同在6坪大的套房裡生活了一年，由於空間有限，他們只能將床轉向，蜷曲其中。

搬離青旅，住進6坪套房育兒的年輕夫妻

在台北市萬華區的一間套房裡，我們則見識到小宅化趨勢下的一種樣貌：套房育兒。

故事的主人翁是一對未滿30歲的年輕夫妻，愛德華和鯨魚。2022年時，他們蝸居在青年旅館2坪大長租房裡生活，每天必須攀爬沒有扶手的樓梯到二樓就寢，忍受頭頂浴室外溢出來的濕氣，每次洗完澡就像生活在熱帶叢林裡；但不用額外支出水電費、每週還有人專責打掃，他們十分滿意這樣的選擇。

一台筆電、一只塑膠袋、一雙鞋子和兩、三套衣服，是當時愛德華的所有家當。在定居青旅之前，剛大學畢業成為新手工程師的愛德華，帶著為數不多的行李，和在服務業打拚的女友鯨魚輾轉在台北幾個租屋處之間流浪。在板橋的40年老公寓裡，由於滲水，牆壁布滿了大大小小黑灰相間的霉斑與壁癌。黴菌帶來的後遺症則是過敏，三天兩頭亂竄的鼻水更是麻煩的困擾。為了改善居住環境，他們從原來的舊公寓搬到另一間舊公寓，只是房東就住在隔壁，緊鄰一扇窗子盯著他們的一舉一動；缺乏隱私和林林總總的設備損壞問題，讓雙方摩擦不斷。

就在一年租約到期後，平均每日工時達9小時以上的愛德華和鯨魚又擠不出額外時間尋找新的住處，最終選項只剩下一個：青年旅館。

兩人收拾細軟，以每個月13,000元的租金，搬進一座地下宮殿裡。這座宮殿的右側是10多間科技感十足的膠囊房，封閉的太空艙將一張張單人床包覆起來，外表如同一顆銀色的大型膠囊。左側則是愛德華和鯨魚的新住處，一間2坪大的套房，由於挑高超過3公尺，兩人彷彿居住在一根巨大的柱子裡。

　　房間外頭的公共空間，貼滿了台灣各處景點的壁貼，最顯眼的是一幅貫穿室內的台北101圖像，帶來巍然屹立的印象。房間內，則是另一幅景象：一張鐵製的床架將超過3公尺高的整個空間一分為二，下方是一張作為桌子使用的小沙發，由於堆滿日常用品，這個「客廳」幾乎容不下一個成年男子站直和轉身；至於房間上方，一張雙人床就是整間「臥室」的唯一配備。

　　上、下區域之間，靠著一座移動式的樓梯作為連結，這代表每天要回到「臥室」之前，他們都必須先將樓梯牢牢固定在牆上，在沒有扶手的協助下，全神貫注地爬上爬下。「所以我們都提醒自己，不能迷迷糊糊太匆忙，保持清醒才不會摔下來。這幾個月來曾經聽到一次好大一聲，碰！可能就有人摔下來，這個高度是會死人的，」愛德華說。

　　在這間只有兩坪大小的套房內，兩人必須想出各種點子來讓空間最大化。旅館提供的沙發現在是愛德華的電腦桌，小小的收納椅則拿來當椅子用。梯子用不到時是方便的置物架，170公分高的床架上則貼滿各種鉤子，掛吹風機、掛雨傘、也能拿來掛內褲，不同的收納手段用來應對不同的問題。

　　這對年輕的伴侶相當認分。愛德華說，相較於洞穴一般的膠囊床位，套房已是旅館內設備較為齊全的選擇：不僅提供私人空間，還帶有獨立浴室。就算床的邊緣直接與浴室玻璃相連，洗漱時的熱氣與水霧輕易地便會瀰漫房間，得仰賴頂端小小的抽風扇和冷氣助陣，這樣的條件都已勝過過往惡劣的租屋環境太多。

　　2024年《報導者》再度採訪他們時，兩人從情侶轉變為夫妻。愛德華仍是工程師，不過他成了一名新手爸爸，鯨魚則辭掉工作，兩人靠著一份薪水共同育兒。

在他們租下的6坪套房裡，環境和擺設與過去有明顯不同。曾經兩人身旁並沒有太多隨身行李，衣服和毛巾整整齊齊地疊在塑膠收納箱內；現在的房間則擠滿了尿布、奶粉、泡奶機器和各種生活用品。濕漉漉的浴巾和嬰兒的口水巾一同吊掛在不開窗的陰暗陽台內。唯一的餐桌是一張陳舊的流理台，桌面深度只有30多公分，僅供一人使用；輪不到的人必須在床上解決一餐。

兩人的兒子則接近週歲，正好是活力最強的時刻，好奇地想要探索新世界。不過愛德華和鯨魚並不像一般爸媽一樣，將房間鋪滿軟墊防止寶寶跌倒受傷，一張152×188公分的標準雙人床就是兒子的一方天地，圍在床旁的護欄將他安全地隔離。

那張床，也是三人一同共享的最大空間。鯨魚告訴我們，一家人為了有效運用床的空間，選擇橫躺，也就是近一年，兩個成人每晚都蜷曲著睡覺。

「壓抑啊，我們也希望能找一層的物件，兩房或三房的，這樣他（小孩）真的要哭，至少還有一個角落讓他哭，」身為媽媽的她說。

小孩出生之際，正好是COVID-19疫情的尾端，那時旅館為了迎接即將到來的旅客，選擇調整經營策略；首當其衝的便是待在青旅裡的長租客，愛德華和鯨魚也因此輾轉在多間旅館和租屋處移動。為了給兒子一個穩定的空間，他們火速決定用1萬6,000元租下現在居住的套房，但在狹窄的套房裡育兒並非易事。

「我猜我們背後可能插滿小人，被打了好多次，」愛德華開玩笑地說。會有這樣的想法，是因為他們租下的套房其實是整間住宅分割而成，只要小孩一哭，聲音立刻傳遍方圓百里。租屋的一年時間裡，兩人發現過去的房客幾乎全部搬走了，剩下套房育兒的他們是「鄰避設施」。

小宅趨勢中，擺脫最低居住水準的掙扎

事實上，待在鳥籠小宅裡的這家人，居住水準已經幾乎貼齊了法定的最低底線。根據內政部所頒布的「基本居住水準」，三人居住最小面積需6.59坪（平均每人2.19坪），而他們的住處只大了僅僅0.5坪，這還包括房間內用不到的畸零空間。

對這對年輕夫妻來說，這樣的空間當然並不足夠。他們曾向戶籍所在的桃園申請社會住宅，但遞件當天就被承辦人員告知機會不高，結果也不出意外。至於利用新青安買房的選項呢？愛德華一臉為難地告訴我們，現在一家三口幾乎每個月都是打平的狀態，4萬多元的薪水除了支付房租外，還要負擔兩人餐費和孩子的尿布、奶粉和保險費用，幾乎已經捉襟見肘。

但隨著孩子一天天長大，兩人也不是沒有意識到狹窄空間的局限。「在他這個年紀會需要很多新的東西去嘗試，需要更大的空間去探索，可是這裡就這麼小我也變不出什麼新花樣來，只要一個小時玩具不收，房間就會沒有地方走路，」愛德華說。

「有時候我覺得自己很像一隻候鳥，
不斷找尋暫時的棲息住所，
但那終究不是一個像家的、
安心的固態存在。」

愛德華為了解決困境，他們決定要在明年搬到一間一房一廳的居所。但看著新青安點燃房市，從買房到租房的空間跟著愈來愈小，每年的租金漲幅已經成為這對年輕夫妻眼下的燃眉之急。在小宅化的趨勢裡，他們只有一個小小的願望：「每天能活著就好。」

**鳥籠時代的無房青年，
要成家只能梭哈或放棄？**

董小姐、海海和愛德華一家人的經歷，概略勾勒了鳥籠時代的居住圖像，一種是逐漸被日漸退縮的空間和高昂的價格給侵蝕；另一種則是梭哈手中籌碼，跳進房市裡。他們雖然做出不同選擇，但都繞不開焦慮和痛苦，距離「成家」仍然遙遠。

諷刺的是，隨著小宅成為主流商品，空房子的數量也跟著增加。內政部在2024年6月發布最新的「低度用電住宅」統計，該項指數向來被視為是空屋率指標，而數據顯示2023年下半年中，光是20坪小宅的空屋率就占總體的17%，等於每6間小宅就有一間屬於「低度用電」。

從青旅搬到小套房裡育兒，這對年輕情侶並不奢求買房，
只希望能活下去就好。

　　2022年出版的《無住之島：給臺灣青年世代居住正義的出路》一書曾描繪台灣青年世代的居住困境為「買不起、租不好」；如今，這個困境或許還得再加上「買得小」、「沒人住」兩項更新。至於該如何應對這個問題？當時該書作者廖庭輝建議，應該改採社會投資的概念，從政策、財稅和居住權等多個面向來規劃改革，而不只是靠著補貼來緩和首購族的剛性需求。但新青安政策則是走上一條完全相反的路，政府靠著低利率和寬限期來降低買房門檻，不只推升了房價，更催生諸多「鳥籠小宅」。

　　如今，隨著鳥籠的增加，不少討論開始把台灣和香港的居住狀況拿來對比，認為按照趨勢繼續發展，台灣也將步上香港劏房的後塵。

一則房地產廣告正好成為縮影：扣掉公設、車位後，12坪的主建物被規劃成3間房間，要價1,780萬元。「花千萬坐牢」成為留言中受到普遍認可的形容。

　　站在小宅浪潮的風口浪尖，透過新青安買房的海海向我們陳述了他心裡的矛盾：沒買房之前，希望價格下跌；現在反而最害怕政府認真打房，大部分的有房族也不會接受一個讓房價突然暴跌的政府。

　　考慮購買組合屋的董小姐則顯得消極，她告訴我們，最好的做法就是跳脫買不買房的困擾迴圈，否則買到小不啦嘰的房子更像是一個鳥籠，花大錢把整個人塞在籠子裡，「我不覺得那是一個夢想，」她說。

Chapter 3

STORY BEHIND THE STORY
新聞幕後

STORY BEHIND THE STORY 01

記者手記：
我們眼裡的鳥籠現場

《報導者》記者 孔德廉：

關於「小宅」的報導發想，完全是來自於我個人的看房經歷，但我想也是大多數年輕人的共同體會。我從2019年開始看房，從都會區的40年老公寓開始看起，那時仲介開出的價格是一坪45萬元，總價在1千萬元出頭。盤算手頭資金還尚可負擔，只是老公寓年久失修，位在五樓窗邊的廚房已經呈現肉眼可見的下陷，包含拆除、重新砌牆和水電重拉等整修支出，初步估計就要上看150萬元，且必須是現金。

沒有買房經驗的我沒有其他辦法，想著多存點錢、持續物色其他物件，等到存款追上頭期款的那天，或許就可以負擔得了。只是現實是，那天永遠不會到來，根據內政部統計全國價格指數顯示，2019年第三季起，全台房價漲勢明顯，原本一年平均0.6%的房價漲幅從那時起爆衝至4.3%。於是我看著登在仲介廣告上的數字一路寫下新高。

2023年新青安的推出，更像是開啟了新一輪的買房大賽，社群和影音平台上充滿各種「新家開箱」影片，畫面裡滿是新穎裝潢和極具個人風格的傢俱搭配，設計者盡可能地將有限的空間靈活運用：沒有扶手的樓梯直通夾層臥室、收納櫃隱藏在空間犄角、單人床頭和腳下都規劃出單人衣櫃等。

高房價下，1+1房成為市場主流，可居住的空間也變得愈來愈小。

人們如何在這些空間裡生活？我們走進年輕夫妻套房育兒的現場，看一家三口怎麼擠在6坪大的空間生存；我們也踏入要價近2千萬元、室內實際坪數僅5坪大的嶄新物件內，觀摩建商如何規劃新一代的「輕型住宅」。在這些現場背後，令人難以忽視的現況，是「基本居住水準」正逐漸貼近最低底線，這象徵著鳥籠時代的來臨。

《報導者》攝影記者 陳曉威：

作為攝影記者，我每天的工作是擷取現實中的景象，努力經營為可解讀的影像訊息。但理想中的影像未必都能在現實中再現，有些是因為缺乏工具，有些是因為過於抽象，有些則可能是因為對於想傳遞的訊息過度執著、而對現實視而不見。

居住正義的議題對於攝影來說是相對困難的，因為它同時包含了產業經濟等抽象結構和政策制度，也包含了對於正義的模糊理想。從採訪個案的故事中，我們彷彿可以找到一條訴說的脈絡，但在撤除所有道德判斷之後，居住回到供需的基本法則，以及金融的遊戲規則，我發現自己很難用同一套邏輯去理解以小博大的房市玩家，以及捨遠求近的小宅蝸居。終究影像對於呈現人的複雜動機是無能為力的，我所能做的是捕捉現實風景：在居住的議題上，那只是一片水泥布景，裡面上演的是對美好生活的想像、對金錢的貪婪、炫耀財富的虛榮、背負重擔的痛苦、憤世忌俗與逃避的渴望……。

但是作為一個新手爸爸，居住變成具體的生活條件，當一個人不能再只為自己短暫的此生而活的時候，現實的意義、以及面對現實的方式也因而改變。美好生活其實經常交織痛苦，這或許是最公平打在水泥布景上的一道黯淡光線。

STORY BEHIND THE STORY 02

漫畫家手記：
無法前進，也無法後退的時代。

在讀完《報導者》的逐字採訪及報導後，哭泣的嬰兒以及一棟棟不斷立起的高樓，是第一個在我腦海浮現的畫面。開始動筆構思時，我人正在美國，且肚子裡懷著一個生命。從地球的另一端遙望回台灣，談及房價，我別無悲觀以外的想法。

「熱戀期過了，一段感情因現實而走到了盡頭。」常聽到在一起多年的情侶，最終卻無法步入婚姻殿堂的故事。交往談的是感情，婚姻談的是現實，與婚姻關聯最大的，則是買房。至少在傳統觀念裡，成家立業買房，這一切是分不開的。現在大多數人面對低薪高房價，沒錢買房，沒錢生小孩，自然而然便也覺得：「那我幹嘛結婚？」

人生無非是學習、工作，然後戀愛、成家。隨著年歲漸長，扶老攜幼，最後安度晚年。現代人卻卡在了成家，無法前進後退。老人老了，年輕人卻無法成家立業，無法擁有一個家。也許有人會想，只要不買房，就沒有困擾。但不買房，不生小孩，為什麼要結婚？又陷入了一個死循環。「活在當下」的階段，被迫無止盡延長。每個月薪水扣掉房租、水電、伙食，再怎麼拮据存錢，看到聳立的建案廣告，一千萬、兩千萬，卻也只是最基本普通的房子，真的好瘋狂。人生命中看似理所當然的歷程，竟是這麼卑微的願望。

希望把「買不起房」這一件眾所皆知的事情，表達出來而不顯得刻意，同時又觸動青年世代的心，在懷孕期間挑戰這樣的議題，老實說對精神壓力不算小，尤其房價與租房狀況如此，整篇漫畫的節奏，真的很難拉起來。感謝編輯小紅的邀稿，更感謝《報導者》總編德琳、PM琴宣、記者德廉、攝影曉威，還有蓋亞的專題企劃怡靜、總編亞倫，讓這篇故事不至於只有悲觀絕望而沉悶難讀。特別感謝編輯宇庭，我沒能如期完稿，繪製途中跑去生小孩，讓他費了不少精力安排時程。能夠參與本次計畫，我覺得很榮幸。